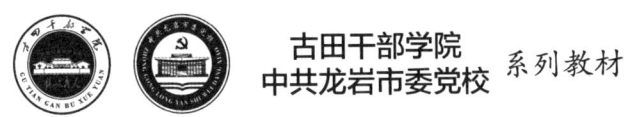

古田干部学院
中共龙岩市委党校 系列教材

闽西红色培训现场教学点点评词

主编：曾汉辉

副主编：林炳玉 谢耀南

中共中央党校出版社

图书在版编目（CIP）数据

闽西红色培训现场教学点点评词 / 曾汉辉主编. --
北京：中共中央党校出版社，2018.10（2022.12 重印）
 ISBN 978-7-5035-6306-5

Ⅰ．①闽…　Ⅱ．①曾…　Ⅲ．①中国共产党－干部教育－学习参考资料　Ⅳ．①D262.3

中国版本图书馆CIP数据核字（2018）第 015355 号

闽西红色培训现场教学点点评词

策划统筹	井　琪
责任编辑	李　云
版式设计	苏彩红
责任印制	陈梦楠
责任校对	马　晶
出版发行	中共中央党校出版社
地　　址	北京市海淀区长春桥路6号
电　　话	（010）68929580（办公室）　（010）68928910（发行部）
	（010）68922815（总编室）　（010）68929342（网络销售）
传　　真	（010）68922814
经　　销	全国新华书店
印　　刷	北京盛通印刷股份有限公司
开　　本	700毫米×1000毫米　1/16
字　　数	165千字
印　　张	14.25
版　　次	2018年10月第1版　2022年12月第2次印刷
定　　价	58.00元
网　　址	www.dxcbs.net　　邮　箱　zydxcbs2018@163.com
微　信 ID	中共中央党校出版社　新浪微博　@党校出版社

版权所有·侵权必究
如有印装质量问题，请与本社发行部联系调换

编纂委员会成员

主　　　任：魏　东
常务副主任：曾汉辉　詹崇仁
副　主　任：吴寿勤　陈耀华　林炳玉
委　　　员：黄晚霞　曾　钢　黄才裕
　　　　　　曾纪昌　林福强　吴志高
　　　　　　林椿民　谢耀南　俞如先
　　　　　　吴兴河　王咏梅

目　录

01 古田会议旧址群教学点 ············ 1
古田会议会址 ············ 2
红四军前委机关暨政治部旧址——松荫堂 ············ 7
《星星之火，可以燎原》写作旧址——协成店 ············ 11
中共闽西特委机关旧址——树槐堂 ············ 15
闽粤赣三省干部培训班旧址——鸿玉堂 ············ 19
中共闽西一大旧址——蛟洋文昌阁 ············ 23

02 中央苏区（闽西）历史博物馆教学点 ············ 29
闽西革命烈士纪念碑 ············ 30
中央苏区（闽西）历史博物馆 ············ 36

03 闽西生态文明建设教学点 ············ 49
梅花山中国华南虎园 ············ 50
长汀县水土保持科教园 ············ 55
全国林改策源地武平捷文村 ············ 58
长汀三洲生态建设示范区 ············ 63

04 新罗区教学点 ············ 67
邓子恢纪念馆 ············ 68
后田暴动纪念馆 ············ 72

培斜淘宝村 ·· 75

05 永定区教学点 ·· 81
永定暴动陈列馆 ·· 82
张鼎丞纪念馆 ·· 86
永定客家家训馆 ·· 93
客家土楼 ·· 98

06 上杭县教学点 ······································ 103
毛泽东才溪乡调查纪念馆 ······························· 104
才溪乡调查旧址 ······································· 108
发坑村 ··· 112
光荣亭 ··· 117
列宁堂 ··· 125
才溪红军公田 ··· 129

07 武平县教学点 ······································ 133
刘亚楼将军纪念馆 ····································· 134
岩前均庆院 ··· 138
中山镇农民专业合作社联合社 ··························· 143

08 长汀县教学点 ······································ 149
红四军前委扩大会议旧址——辛耕别墅 ··················· 150
中央苏区"红色小上海" ································ 154
瞿秋白烈士纪念园 ····································· 159
杨成武纪念馆 ··· 164
中央苏区红色医院——福音医院旧址 ····················· 168
中央主力红军长征出发地——中复村 ····················· 172

09 连城县教学点 ······ 181
"新泉整训"旧址群 ······ 182
松毛岭战役遗址 ······ 186
项南纪念馆 ······ 190
培田古民居 ······ 195

10 漳平市教学点 ······ 203
红四军出击闽中纪念馆 ······ 204
南洋生态小镇 ······ 207
漳平台湾农民创业园 ······ 211

后 记 ······ 216

01　古田会议旧址群教学点

郭达伟摄

闽西红色培训现场教学点点评词

古田会议会址

一、教学主题

铸魂胜利路。

二、教学目的

紧紧结合教学主题，依托古田会议旧址、古田会议纪念馆教学点丰富和直观的历史资源，帮助学员了解古田会议历史背景、具体内容，明确古田会议确立的思想建党、政治建军原则对中国革命成功的重大意义，从而坚持党的全面领导，做到军魂永不变，坚定理想信念，以实际行动推进新时代中国特色社会主义伟大事业。

三、教学实施

1. 教学导入。学员参观古田会议纪念馆、古田会议会址，由讲解员讲解。

2. 教师现场点评。

古田会议会址 （谢耀南摄）

铸魂胜利路

胜利从这里走来。彪炳史册的古田会议铸就了建党、建军之魂。1929年12月在闽西上杭古田召开的红军第四军第九次党的代表大会，确立了"思想建党、政治建军"等一系列原则，被称为中国共产党和人民军队建设史上的里程碑。会议通过的《古田会议决议》被称为中国共产党和人民军队建设的纲领性文献。古田会议召开之后，毛泽东在古田的协成店写下了标志着农村包围城市革命道路理论基本形成的光辉著作《星星之火，可以燎原》，使古田成为中国革命前进道路上的新起点。由此，古田以中国共产党确立思想建党、政治建军原则之地，人民军队政治工作奠基之地，新型人民军队定型之地，而载入中国共产党的史册。

1927年，幼年的共产党突然遭到昔日盟友国民党的屠杀，导致大革命失败。在生死存亡的紧急关头，以毛泽东为代表的中国共产党人把马克思主义普遍原理同中国革命实践相结合，经过艰辛探索，开辟了一条农村包围城市，武装夺取政权的革命道路。但是，这一创新道路的开辟过程并不容易。当时，中国共产党面临着两个重大问题急需解决：

一是农民占党员队伍多数的问题。作为半殖民地半封建的农业大国，中国有着独特的国情，经济文化十分落后，产业工人的数量很少，人口中绝大多数是农民。这既不同于西欧资本主义国家，也不同于俄国。而大革命失败以后，中国共产党的工作重心被迫由城市转入农村，大量地吸收农民入党成为无法选择的现实。《古田会议决议》明确指出"党的组织基础的最大部分是由农民和其他小资产阶级出身的成分所构成的"。然而，马克思主义经典理论和世界各国

闽西红色培训现场教学点点评词

共产党都认为，共产党是工人阶级的先锋队，党的基本构成应是工人出身的党员。而中国共产党的党员构成以农民出身的党员占绝大多数，这一状况与当时各国共产党的普遍认识不一致。因此，如何把以农民为主要成分的党建设成为无产阶级先锋队，不仅是中国共产党面临的一个特殊问题，也是国际共产主义运动遇到的一个崭新课题。如何做好这一崭新课题，既关系到中国共产党的性质，也关系到中国共产党的发展、壮大，更关系到中国革命的成功。以毛泽东同志为代表的中国共产党人以大无畏的精神，冲破教条，在古田会议上成功地破解这一崭新课题。会议正视农民党员占多数的现实，认为大量吸收农民入党是由中国革命的性质和中国的特殊国情决定的。中国共产党无法选择自己所处的环境，但可以探索新道路。这条新道路就是：保持党的无产阶级先锋队性质，必须把思想政治建设放在首位，通过党内教育，统一思想，树立崇高信仰，纠正各种非无产阶级思想，从而铸造了建设无产阶级先进政党之魂。

二是军队为谁服务的问题。"八一"南昌起义后，中国共产党开始了独立创建革命军队和领导革命战争的历程。但是，以农民为主体的红军在长期处于分散的农村游击战争的环境里如何从政治上、思想上和组织上加强自身建设？我们的军队是为谁扛枪的？一系列问题同样摆在中国共产党的面前。而成功解决这些问题的，还是古田会议。会议明确指出红军存在的意义。"红军是一个执行革命的政治任务的武装集团"。红军的任务"决不是单纯为打仗而打仗"，还要担负宣传、组织、武装群众，帮助群众建立政权。并指出"军事只是完成政治任务的工具之一"，从根本上划清了红军与一切其他军队的政治界限，解决了党从政治上掌握军队的问题。《古田会议决议》第一次规定了红军的性质、宗旨和任务。为保证党的政治任务的实现，决议明确指出，党委不仅要领导党的建设和政治工作，而且要领导军事工作，党的指导机关是部队领导的中枢，并再次重申了自三湾改编以来"每连建设一个支部"的做法。决议还对党在红军中思想政治工作的内容和方法作了具体明确的要求。这一系列的规定使党对军队绝对领导这一新的军事领导制度由此确立，并使之理论化、规范化，从此红军成为真正意义上的新型人民军队，从而铸就了人民军队的军魂。

党魂和军魂的铸就，从本质上保证了中国共产党的工人阶级先锋队性质；党领导的军队是人民军队，而不是其他什么性质的军队，从而使中国共产党的肌体中流淌的是科学、为民、无私、高尚的"先进血液"。

思想建党，铸就共产党人精神上的"钙"，让每一个共产党员成为以实现共产主义作为自己毕生使命的先锋战士；政治建军，中国共产党的政治目标，就是人民军队的奋斗任务。无论面临多么强大的敌人、无论处于多么艰难困苦的条件，为了革命理想和信念，中国共产党和人民军队都义无反顾、一往无前。一个党员一面旗帜，一个支部一座堡垒，一支钢铁般的人民军队，取得了中国新民主主义革命的胜利，谱写了社会主义建设事业的辉煌。

古田会议不但对党的建设和军队建设产生了里程碑式的影响，而且其思想价值穿越历史时空历久弥新。"古田会议永放光芒"八个大字正是对古田会议的历史贡献和时代价值最生动的表达。

古田会议是中国共产党和人民军队建设史上的一座丰碑。思想建党、政治建军，铸牢党魂军魂，从而坚定革命道路，凝聚革命力量，坚持革命精神，取得革命成功。今天，中国共产党正带领人民在中国特色社会主义新时代的征程上，为实现社会主义现代化强国，实现中华民族伟大复兴的中国梦而奋斗。要实现这一伟大梦想，没有政治定力，没有党的集中统一领导不行；没有坚强的政治定力，没有共产党人的精神家园不行；没有坚定道路自信、理论自信、制度自信、文化自信不行；没有为民务实清廉的作风、实干兴邦的行动不行。2014年10月，全军政治工作会议在古田召开，开启了新时代政治建军的新征程。不忘初心，牢记使命，从古田再出发，为夺取新时代中国特色社会主义伟大胜利筑牢坚实的政治思想根基。

红四军前委机关暨政治部旧址——松荫堂

一、教学主题

人民军队生命线的奠基。

二、教学目的

紧紧围绕教学主题,依托红四军前委、政治部旧址和司令部旧址丰富、直观的历史资源,帮助学员了解中国共产党红军第四军第九次代表大会前红四军主要领导人艰辛探索建设军队政治工作这条生命线的历程,从而引导学员从新时代党的事业建设发展的新高度,认识政治思想建设的重要性,在行动上严肃党内的政治生活,加强思想政治工作。

三、教学实施

1. 教学导入。学员参观红四军前委、政治部旧址和司令部旧址,由讲解员讲解。
2. 教师现场点评。

中共红四军前委机关暨政治部旧址——松荫堂 (张永辉摄)

人民军队生命线的奠基

有一种信念，可以统一意志，凝聚力量；有一种追求，可以锻造灵魂，改变历史。在中华民族上下五千年的历史时空中，从来没有一支武装像人民军队这样，同一个政党的血脉、一个民族的命运紧紧相连。在九死一生的历程里，是什么样的力量使这支队伍愈挫愈勇？在千难万险的磨砺中，是什么样的信念让这支队伍越战越强？80多年前在闽西的山村，中国共产党人在这里铸就了政治建军这条生命线。

政治工作是人民军队的生命线，要牢牢地树起来。这是1929年毛泽东主持起草、古田会议讨论通过的《中国共产党红军第四军第九次代表大会决议案》所蕴含的真理，是人民军队在血与火的实践中得出的结论。

1927年，"八一"南昌起义打响了武装反抗国民党反动派的第一枪，揭开了中国共产党独立领导武装斗争和创建革命军队的序幕。但是，创建军队和组织武装起义只是开始，更重要的是如何建设这支军队。而中国共产党领导的这支军队绝大多数是穿起军装的农民，怎么才能避免黄巢、李自成那样旧式农民起义的历史悲剧？中国共产党领导的军队与其他军队有什么本质的不同？以农民为主体的红军在长期处于分散的农村游击战争的环境里如何加强自身建设？这是红军政治工作必须回答的紧迫课题。面对这个历史性课题，中国共产党及红军的领导人进行了艰难的探索。红四军领导人毛泽东抓住了问题的症结所在，支部建在连上，军队实行民主制度……然而，要把一支以农民为主体的武装改造成为党绝对领导下的新型人民军队，却是一项长期的艰苦工作。红四军在古田会议之前不到一年半的时间里先后八次召开党代表大会都未形成共识，未能找到答案。此时的红四军，主要是从地方农民武装和国民党军队中分化出来的旧军人，大部分由农民和小资产阶级这两部分人组成。小私有者的狭隘观念和旧军队的习气，在部队中打下了很深的烙印：有的把党对红军的领导说成是家长制；有的认为军队的任务就是打仗，有枪杆子就行；有的不愿在艰苦的农村建立根据地，只想"走州过府"流动游击……如何认识和解决当时红军中存在的非无产阶级思想，如何解决红四军领导集体中的不同看法，甚至出现严重的分歧和矛盾。这就涉及政治工作在军事斗争中的地位问题。争论问题的解决也就意味着对军队中党的领导、政治工作地位等问题思想认识的统一。

这些争论引起了远在上海的中共中央的高度关注。1929年9月，在给红四军的指示信中，党中央旗帜鲜明地肯定了毛泽东建立农村根据地的思想和建设新型人民军队的探索，要求纠正一切不正确的倾向。根据中央"九月来信"精神，1929年12月28日至29日，红四军党的第九次代表大会在古田召开（又称古田会议）。会议一致通过了毛泽东主持起草的《中国共产党红军第四军第九次代表大会决议案》（即《古田会议决议》）。以毛泽东为代表的中国共产党人，迈出了将马克思主义基本原理与中国革命具体实践相结合的铿锵步伐。

古田会议第一次以决议的形式确立了党对军队绝对领导的根本原则，使"听党的话、跟党走"成为官兵的崇高追求和必胜信念；第一次以决议的形式规定了人民军队的性质、宗旨和任务，解决了红军"为谁当兵、为谁扛枪、为谁打仗"的基本问题；第一次以决议的形式提出了人民军队"官兵一致、军民一致、瓦解敌军"的政治工作三大原则，为建立良好的内外关系提供了基本遵循；第一次以决议的形式阐明了军事与政治的关系，军事机关与政治机关的关系，奠定了人民军队政治工作的重要地位……

两万多字的《古田会议决议》是思想交锋的结果，是经验教训的总结，更是开拓创新的典范。《古田会议决议》确立了思想建党、政治建军的根本原则，肃清了建军之初的各种非无产阶级思想，使一支深受旧军队思想影响的军队，脱胎换骨成为党绝对领导下的新型人民军队。会后，古田会议决议所确立的建军思想迅速越过闽西山峦，传遍各个根据地，成为指引整个红军建设的航标。

在古田会议精神光芒照耀下，一支新型的人民军队跃上了历史舞台，它从小到大，从弱到强，由星星之火渐成燎原之势。

寻根溯源，赓续血脉。2014年10月，全军政治工作会议在古田召开。重回古田，就是要传承红色基因，强固政治根基，迎接伟大斗争带来的新考验。就是要弘扬当年的整风精神和战斗风格，以踏石留印、抓铁有痕的劲头，解决思想上、组织上、作风上存在的突出问题。

不忘初心，方得始终。在中国特色社会主义新时代，踏上建设中国特色社会主义现代化强国的新征程，就要坚持党对军队的绝对领导，传承红色基因，汲取古田会议的创新品质和奋进动力，续写政治建设工作与时俱进创新发展的新篇章，建设一支听党指挥、能打胜仗、作风优良的人民军队，为实现"两个一百年"奋斗目标、实现中华民族伟大复兴提供战略支撑。

《星星之火，可以燎原》写作旧址——协成店

一、教学主题

坚定中国革命的道路自信。

二、教学目的

紧紧围绕教学主题，依托古田协成店丰富、直观、真实的历史资源，帮助学员了解以毛泽东为代表的中国共产党人对中国革命道路理论的艰辛探索，深刻体会实事求是是毛泽东思想的精髓，实事求是思想路线对于中国共产党领导人民夺取革命、建设、改革胜利的重要意义，进而坚定中国特色社会主义的道路自信、理论自信、制度自信和文化自信。

三、教学实施

1. 教学导入。学员参观协成店，由讲解员讲解。
2. 教师现场点评。

《星星之火，可以燎原》写作旧址——协成店 （张永辉摄）

闽西红色培训现场教学点点评词

坚定中国革命的道路自信

道路问题是关系党的事业兴衰成败第一位的问题，道路就是旗帜，道路就是方向，道路就是党的生命。中国共产党之所以能够取得革命的成功，是以毛泽东为代表的中国共产党人，在艰难曲折的革命斗争中，成功地探索出中国革命必须走农村包围城市、武装夺取政权的道路，并排除各种干扰，坚定不移地带领人民群众沿着这条道路走向胜利。而道路的自信，首先源自于理论的自信。1930年1月5日，毛泽东在上杭县古田镇赖坊村协成店写成的《星星之火，可以燎原》，是中国共产党"农村包围城市、武装夺取政权"的中国革命道路理论形成的标志，也是指导共产党人坚定道路自信的光辉篇章。

大革命失败后，1927年8月，中共中央在汉口召开紧急会议（"八七"会议），纠正了陈独秀的右倾错误，确定了土地革命和武装反抗国民党反动派的总方针，中国革命由此发展到一个新阶段。但是，中国革命的道路该怎么走，并没有现成的答案。年轻的共产党人，开始了艰辛的探索。1927年10月，毛泽东率领湘赣边界秋收起义部队上井冈山，在实践中首先把革命的中心指向了农村，并成功地建立了第一块农村革命根据地。毛泽东在《中国的红色政权为什么能够存在？》《井冈山的斗争》两篇文章中，从理论上探索农村革命根据地存在对于红军存在发展的重大意义，科学地解答了在四周白色政权的包围之中中国红色政权能够产生、存在和发展的问题。这是中国共产党人在探索正确革命道路问题上的一个重大认识。但是，中国革命的道路究竟以城市为中心还是以农村为中心，还在探索之中。

1929年1月，毛泽东、朱德率领红四军主力下井冈山，3月初进入闽西，揭开了创建中央苏区的序幕。在长汀辛耕别墅召开的红四军前委扩大会议作出的战略决策，使中国共产党开始以农村为中心，标志着毛泽东关于"工农武装割据"三者思想的紧密结合。此后，在短短几个月的时间里，闽西土地革命运动蓬勃发展，闽西、赣南革命政权纷纷建立。然而，当时党内盛行把马克思主义教条化、把共产国际和苏联经验神圣化。毛泽东虽然率领部队上井冈山开始了正确道路的探索，但是"工农武装割据"的存在与实践，并不符合当时党内教条主义者的思想。在根据地内部，也存在着各种疑虑，一些人怀疑在边远落后的农村进行游击战争，革命是否能够成功，包括林彪在内的一些红军指战员都提出了"红旗到底能够打多久"的疑问。大革命失败后的一段时间，中国共产党以城市为中心，发动武装暴动屡屡失败。实践证明，农民占人口绝大多数的中国，不同于苏联和欧洲各国的国情。同时，半殖民地半封建的中国，帝国主义、封建主义和官僚资本主义总是凭借其强大的军队和暴力，对人民实行独裁统治。政治经济发展不平衡，反革命营垒内部不统一并充满矛盾。这就使得许多农村小块革命根据地能够在反革命政权的包围下产生、坚持和波浪式地向前扩大，也就决定了中国革命的道路不能照搬照套外国的经验，而应实行土地革命、武装斗争和根据地建设的结合，走农村包围城市、武装夺取政权的道路。

但是，在中国革命还处于低潮，共产党面临生死存亡的环境下，要坚持走自己的路，化解"红旗到底能够打多久"的疑虑，并非易事。用清晰的思路雄辩有力地回答这个问题，打消党内疑虑，树立起共产党道路自信的是毛泽东。就在古田协成店这间小屋里，他写下了《星星之火，可以燎原》这篇光辉篇章。让人们在黑暗中看到光明和希望。这是共产党人的道路自信。这种自信，不是建立在空

闽西红色培训现场教学点点评词

洞说教之上,而是建立在从井冈山以来两年多建立农村革命根据地的经验基础之上,标志着中国共产党人已经在自己的实践中成功地探索出一条具有中国特色的革命道路。虽然毛泽东认为中国革命高潮不可能迅速到来,明确指出"政权发展是波浪式地向前扩大的",但只要建立农村根据地,开展土地革命,建立和发展红色政权,中国革命的高潮必将到来,现今的"星星之火"即将成燎原之势。在文章最后部分,他以革命自信展望中国革命即将到来的高潮,"它是站在海岸遥望海中已经看得见桅杆尖头了的一只航船,它是立于高山之巅远看东方已见光芒四射喷薄欲出的一轮朝日,它是躁动于母腹中的快要成熟了的一个婴儿"。

鲁迅先生说:"其实地上本没有路,走的人多了,也便成了路。"中国特色革命道路的成功是中国共产党带领人民群众开创出来的。因为这是一条为人民谋幸福、为民族谋复兴之路。因为走了这条路,实现了中国人民从站起来到富起来、强起来的伟大飞跃。今天,我们迈进了中国特色社会主义的新时代。回顾党的历史,前瞻我们党和人民正在进行的伟大事业,不能不带给人深深的沉思:世界上没有放之四海而皆准的革命道路和发展道路,也没有一成不变的革命道路和发展道路。实践证明,无论是搞革命还是搞建设,照抄照搬别国经验、别国模式,从来不能得到成功。我们必须坚定走自己的道路,因为道路自信、理论自信、制度自信和文化自信,来源于实践、来源于人民、来源于真理。

中共闽西特委机关旧址——树槐堂

一、教学主题

伟人毛泽东的革命意志和崇高境界。

二、教学目的

依托苏家坡树槐堂毛泽东旧居及主席洞,介绍毛泽东在古田会议召开前几个月,在经历个人政治生涯逆境时,仍具有坚强的革命自信和牢固的政治意识,从不懈怠,从不气馁,扎扎实实、时时刻刻做好革命工作。通过具体、生动的历史故事,增强学员"四个意识"和责任担当。

三、教学实施

1. 教学导入。学员参观树槐堂,由讲解员讲解。
2. 教师现场点评。

中共闽西特委机关旧址——苏家坡树槐堂 (郭有光摄)

闽西红色培训现场教学点点评词

伟人毛泽东的革命意志和崇高境界

面对组织上的错误批判，面对不公正的待遇，有的人从此消沉下去，一蹶不振；有的人意气用事，打击报复。但是，毛泽东在政治生涯中曾遭到几次不公正的打击，却仍然保持顽强的革命意志，继续为党工作，并把它看作一种有益的教育，当作一种锻炼。苏家坡就是历史的见证。

1929年6月下旬，中共红四军七大召开，毛泽东在大会上提出了关于坚持和加强党对军队的绝对领导，克服红军中正在滋长的单纯军事观点、极端民主化、流寇思想等各种非无产阶级思想的正确主张，但没有被红四军大多数代表所认识和接受。大会在中央并没有指示改组前委的情况下，改选了前委。中央指定的前委书记毛泽东没能继续当选。红四军七大选出陈毅担任前委书记。毛泽东离开了前委书记的领导岗位。

这是毛泽东政治生涯中遭到的第三次较大的打击。但他却把党的纪律、党的团结和统一摆在第一位，按照少数服从多数，下级服从上级，个人服从组织的原则，执行党的决定。

红四军七大后，毛泽东和江华、蔡协民、曾志、贺子珍，代表红四军前委到闽西特委指导地方工作。他以极大的热情指导了中共闽西一大，并在大会上作了政治报告。在会议后期，毛泽东因恶性疟疾病倒。此后四个多月，他和闽西群众朝夕相处。9月21日，朱德指挥红四军和闽西地方武装攻占了上杭城。随后，红四军在太忠庙召开了八大，因无法统一认识，大会无所作为。朱德责成郭化若等三人联合写信要毛泽东回到红四军重新主持前委工作，病中的毛泽东接信后，从永定合溪坐担架来到上杭，在临江楼写下了《采桑子·重阳》这首著名的诗篇。10月下旬,毛泽东随中共闽西特委从上杭城迁到苏家坡,住在树槐堂,带病坚持工作。他深入农村进行大量调查研究,指导闽西特委工作,总结中共闽西一大召开两个多月以来闽西党所取得的成绩和存在的问题,做出了扩大红色区域,统一群众武装组织,建立代表会议制度,解决苏区经济问题以及培训训练干部等正确决策,为闽西革命根据地建设指出了明确的方向。毛泽东指导闽西特委在鸿玉堂举办特委干部和农民运动训练班,为闽西培养了一批干部骨干。期间还创办了平民小学。

苏家坡"主席洞",就是落选前委书记、身患恶性疟疾的毛泽东,以坚忍不拔的革命意志,一边养病,一边思考指导闽西特委工作、思考中国革命道路的历史见证处。

其实,毛泽东受到的最大一次挫折是在1932年10月。当时,中共苏区中央局在江西宁都县召开会议,以王明为代表的"左"倾冒险主义者对其进行错误的批判,会议停止了他对红一方面军的军事指挥。会后不久,又任命周恩来担任红一方面军总政治委员,实际上撤销了毛泽东的军事领导职务。从此,他离开红军的军事领导岗位长达两年多,在中央和红军的重要决策上失去了发言权。

但是,不管哪次不公正的待遇,他都正确对待,把挫折变为自己进步的动力,最后成功地走出了人生的逆境,成长为中国共产党的伟大领袖,并领导中国革命取得了辉煌的胜利。新中国成立后,毛泽东多次在会议上教育全党的党员和干部要正确对待不公正待遇。对不公正待遇,人们通常有两种态度:一种态度是从此消极,很气愤,不满意;另一种态度是把它看作一种有益的教育,当作一种锻炼。后一种对自己和革命工作都更加有益,是党员和干部应该采取的态度。

各种不公正待遇中,最严重的恐怕莫过于职务变动。毛泽东认为，共产党员应该正确对待职务的变动，应该能上能下。正确对待职务上的变动，是一个共产党员党性的表现，是一个共产党员纪律观念的表现，同时也能体现一个共产党员的宽广胸怀和远大眼光。无论是领袖还是普通人，我们必须积极而乐观地面对各种困难和挫折，才会使每个人的生命变得更有意义和价值。

闽粤赣三省干部培训班旧址——鸿玉堂

一、教学主题

办好中国的事情，关键在人，关键在党。

二、教学目的

依托闽粤赣三省干部培训班旧址——古田苏家坡鸿玉堂实景，介绍鸿玉堂作为闽西乃至中央苏区最早的学校的历史背景、起源和作用，揭示党员干部培训及其职责使命对于完成党的历史使命的重要的基础性地位，通过具体、生动的历史故事，提升学员对于"办好中国的事情，关键在党"这一重要论断的认识，从而进一步增强党员干部的"四个意识"和责任担当。

三、教学实施

1. 教学导入。学员参观鸿玉堂，由讲解员讲解。
2. 教师现场点评。

闽粤赣三省干部培训班旧址——鸿玉堂 （谢耀南摄）

闽西红色培训现场教学点点评词

办好中国的事情，关键在人，关键在党

办好中国的事情，关键在人，关键在党。闽西"四大暴动"、苏维埃政权的建立和土地革命的开展充分证明，没有一支忠于党的事业，为了人民幸福而敢于担当、甘于奉献、勇于牺牲的干部队伍，就没有革命运动的发展。

1929年3月，毛泽东、朱德率领红四军入闽，闽西革命形势快速发展，培养大批适合农村工作的干部的迫切问题就摆在党的面前。但是在残酷的环境下，干部的培养不可能如和平时期那样定期、集中、大批地训练，成长路径也不可能按部就班运作，加上当时多数干部文化水平低，党组织又缺乏经验，怎样培养干部成为闽西党组织面临的新课题。1929年7月，中共闽西一大召开，会议通过了由邓子恢起草的《政治决议案》，文中提出了"训练干部人才""洗刷非无产阶级的意识（如地方主义、个人主义、极端民主化等），以提高党员干部素质的任务。1929年8月，《中共闽西特委关于武装斗争党务工作的报告》提出，"现在特委为要培养青年干部起见，决定经常开办高级短期训练班，训练县、区两级的指导工作人才。"闽西各地在红四军的帮助下，普遍办起了训练班。但是由于外地教员语言不通，效果不太理想。1929年10月，随中共闽西特委从上杭来到苏家坡的毛泽东，指导了闽西特委在"鸿玉堂"举办的两期干部训练班。一期是有闽、粤、赣三省干部参加的"政治、军事训练班"，一期是"农运训练班"。这次办班培训为闽、粤、赣三省培养了一批既能从事政治工作和群众工作，又能带兵打仗的复合型干部。"鸿玉堂"成为闽西乃至中央苏区最早的党校。

期间，毛泽东循循善诱启发干部提高素质。一次，他问邓子恢

"领导者的责任是什么？"邓子恢答不出来。毛泽东说："依我看，没什么了不起的本事，他的任务就是替群众当传达员，把群众的意见要求进行分析，作出切合实际的决定，然后再把党的决定传达到群众中去。"调查研究是领导干部做好工作的基本功。毛泽东在调查研究方面率先垂范。有一次，他走进贫苦农民雷选如家，雷选如忙请毛泽东坐，并拿出一条地瓜请毛泽东吃。毛泽东剥开地瓜说："这地瓜好，皮是红的，心也是红的，吃了我们心里也很红。"

接着，毛泽东和雷选如边吃边谈。

他问雷选如："共产党好不好？"

雷选如说："共产党来了很好，债务取消好、土地平分好、婚姻自由好，没有土匪好。"

毛泽东紧接着又问："还有没有什么不好的？"

雷选如说："共产党来了样样都好，没什么不好的！"

毛泽东说："共产党不可能样样都好，总还有不好的。你再想想。"

雷选如想来想去后说："啊！恐怕明年粮食涨价就不好了。"

毛泽东忙问："为什么？"

雷选如说："由于商人操纵粮食，到明年青黄不接的时候就要涨价，我们贫苦农民粮食不够吃，到时候就要买粮食，又没钱来买种子，又没饭吃，那田就种不下去了，这样就不好了！"

毛泽东了解到这一关系群众切身利益的问题后，就跟邓子恢等闽西特委同志一起研究，以办粮食调剂局的办法来解决谷贱伤农的剪刀差问题。

党的干部是什么？就是要干事创业，出主意想办法，为群众谋

闽西红色培训现场教学点点评词

利益。今天,我们站在闽西这块最早培养党的干部的学堂里,感受当年烽火岁月中、艰苦环境下,我们的干部是怎样成长的,是怎样赢得群众支持的,对新时代如何成为"忠诚干净担当"的好干部,提高我们党长期执政能力是否有许多的启示?

中共闽西一大旧址——蛟洋文昌阁

一、教学主题

正确的路线是党的生命线。

二、教学目的

紧紧结合教学主题，依托闽西一大旧址蛟洋文昌阁教学点丰富、直观、真实的历史资源，帮助学员了解闽西一大的贡献，特别是制定的正确土地政策对中国革命的重要影响。通过学习，增强学员贯彻在新时代以人民为中心的思想，制定党的正确路线和政策，推进新时代中国特色社会主义事业发展的自觉性和坚定性。

三、教学实施

1. 教学导入。学员参观蛟洋文昌阁，由讲解员讲解。
2. 教师现场点评。

中共闽西一大旧址——蛟洋文昌阁 （李国潮摄）

正确的路线是党的生命线

中国革命的根本问题是农民问题，农民问题的核心是土地问题。中国的土地问题是个老问题。历史上农民要求土地的革命绵延不绝，但是农民战争即使改变了朝代，也没能改变农民的命运。然而，中国共产党却解决了这个"千年难题"。早在中国共产党成立不久，就将帮助农民获得土地列入自己的行动纲领。轰轰烈烈的大革命失败之后，中国共产党在"八七"会议上确立了武装斗争和土地革命的总方针，通过土地革命，让广大农民从地主手中获得土地。但是，要找到一条正确的彻底解决农民土地问题的途径谈何容易？为此，中国共产党经历了一段曲折的探索过程，而闽西党组织创造的土地改革的原则及取得的成功经验，对于中国共产党领导土地革命的成功，有着极其重要的意义。

闽西是内陆山区，有"八山一水一分田"之称。山多地少，加上地主的垄断，广大农民缺地少地甚至没有土地。当时闽西占人口总数85%的农民，占有的土地只有15%。闽西老百姓流传着这样一句话："镰刀一挂起，锅里就没米。"1928年6月底7月初，永定党组织领导了轰轰烈烈的永定暴动，并根据福建临时省委指示，立即着手解决群众迫切的没收与分配土地问题。但是如何没收与分配土地，中共中央和福建省委都没有具体的纲领和政策规定。为此，在满足贫苦农民的经济要求，以达到争取大多数群众支持和参加革命目的的原则下，邓子恢、张鼎丞等人深入乡村调查研究。正如邓子恢在《我的自传》中说："靠农民代表大会大家来商量，由大家提出问题再由大家讨论想办法，以后根据大多数的意见作最后决定。"依靠群众的智慧，永定溪南区总结归纳了七条土地分配原则，其中首创了

"抽多补少"的原则和其他分配土地的政策，在很短的时间内，溪南十多个乡两万多人分得了土地。永定溪南区苏维埃区域，成为继海陆丰、井冈山之后全国最早实行分配土地的地区之一，为闽西进一步开展土地革命提供了宝贵的经验。

1929年3月，毛泽东、朱德率领红四军入闽西，推动闽西革命斗争迅速发展。闽西革命根据地迅速形成，并很快扩展到龙岩、永定、长汀、上杭和连城五个县方圆数百里的范围。1929年7月，在红四军七大落选前委书记的毛泽东，同贺子珍、蔡协民、江华、曾志等人来到上杭蛟洋指导工作。为了总结闽西革命斗争的经验，推动土地革命的深入开展，中共闽西特委根据毛泽东的意见，召开了中共闽西一大。这次会议也是毛泽东自井冈山到达赣南、闽西创建新的革命根据地以来直接指导召开的规模最大的一次地方党组织代表大会。会前，毛泽东在和与会代表的交谈中，发现多数参会代表对整个闽西地区的革命形势和政治经济状况缺乏全面的了解，便向邓子恢建议，把代表分散到各地去进行一个星期的调查研究，会议推迟一个星期召开。毛泽东亲自参加并指导了调查工作，还主持召开了各种座谈会，为闽西一大制定切合实际的方针政策作了准备。

1929年7月20日，中共闽西第一次代表大会在上杭蛟洋文昌阁召开。毛泽东代表前委到会并在会上作了报告，高度赞扬了闽西党组织和人民的革命斗争精神。会议制定了"坚决地领导群众，为实现闽西工农政权的割据而斗争"的总路线。大会通过了由邓子恢起草、毛泽东亲自修改的《中共闽西第一次代表大会之政治决议案》以及关于土地问题、苏维埃政权、妇女、共青团等决议案。其中通过的《土地问题决议案》，制定了较为完备的土改路线和更具体的土地政策。包括：没收一切地主土豪及福会众堂等土地，对大中地主

闽西红色培训现场教学点点评词

区别对待，并给予生活出路，对在乡地主"将酌情分与田地"；中立富农，不打击富农；对中农"田地不没收，田契不烧毁"；分配土地中，实行以乡为单位，抽多补少，按人口平均分配土地的分配原则。

可以看出，中共闽西一大的土地政策，在理论上有更切合实际的创新，使党的土地革命的路线、方针、政策向前迈进了一大步。推动了闽西土地改革的开展。在此后的实践中，又发现这一土地政策中存在肥瘦不均的问题，1930年2月，中共闽西特委第二次扩大会议认为，必须"坚持站在贫农利益方面"重新修订。1930年6月，在上杭南阳召开的中共红四军前委和闽西特委的联席会议（又称南阳会议），在原来的"抽多补少"原则基础上，增加了"抽肥补瘦"。至此，"抽多补少，抽肥补瘦"成为中国共产党摧毁封建土地制度，进行土地改革的锐利武器。这一规定不仅在数量上而且在质量上满足了贫雇农对土地平均分配的要求，从而得到了农民群众的欢迎。1931年4月，闽西苏维埃政府在《土地委员会扩大会议决议》中明确规定："农民领得田地，即为自己所有，有权转租或变卖、抵押。"从而在所有权上明确了农民土地私有制问题。

至此，经过中国共产党全党，特别是毛泽东、邓子恢以及闽西共产党人的共同努力和探索，到1931年春，在中央苏区基本形成了一条适合中国革命实际的土地革命路线。这条路线的核心内容是：依靠贫农、雇农，联合中农，限制富农，消灭地主阶级，变封建半封建的土地所有制为农民的土地所有制。其土地分配的基本政策是：没收地主阶级土地和一切公共土地，以乡为单位，以原耕为基础，按人口平均分配土地，实行"抽多补少，抽肥补瘦"原则。

由于土地改革路线和政策的正确，从1929年6月闽西开始分田试点，到1930年初大约半年时间，闽西就解决了长汀、连城、上杭、龙岩、永定、武平纵横300多里的50多个区500多个乡80万人的土地问题。毛泽东曾称赞"闽西土地解决办法最好"。因此，中国共产党赢得了广大农民的大力支持，十万闽西子弟参加红军，闽西中央苏区有"二十年红旗不倒"的成果。

闽西苏区形成的土地改革路线和土地分配政策，不仅为中央苏区，而且为各革命根据地普遍采用，并一直延续到中国新民主主义革命结束。在解放战争和中华人民共和国成立之初的土地改革，这项政策依然是中国共产党土地改革政策的一项重要内容，发挥了很大的作用。不仅使农民得到了渴望的土地，而且在政治上也翻身。"欲翻身必先翻心，只有翻透心才能翻透身。"通过"挖穷根""吐苦水""算总账""诉苦会"等方式，使翻身农民认清了自己长期受苦和被剥削的根本原因，提高了他们的阶级觉悟。广大农民以巨大的革命热情和巨大力量，自觉地投入到共产党领导的革命斗争中。广大翻身农民不仅积极参军、参战，而且从人力、物力和财力等方面掀起了一场轰轰烈烈的支前运动。"谁赢得了农民，就能赢得中国"。共产党赢得了农民的支持，也就赢得了中国革命的胜利，建立了新中国。

为人民谋幸福，为民族谋复兴，是中国共产党的初心和使命，是激励共产党不断前行的根本动力。党的历史充分表明，以人民为中心，制定正确的路线和政策，是我们的成功之基，制胜法宝。当年干革命是这样，今天搞建设、抓改革同样是这样。

02 中央苏区（闽西）历史博物馆教学点

张永辉摄

闽西红色培训现场教学点点评词

闽西革命烈士纪念碑

一、教学主题

学习闽西英烈坚定信念、无私奉献的精神。

二、教学目的

紧密结合教学主题，依托中央苏区（闽西）历史博物馆丰富、翔实、直观的历史文物和历史资料，讲述闽西革命先烈矢志奋斗、无私奉献、英勇牺牲的事迹，增强学员对闽西对中国革命胜利和新中国建立付出巨大牺牲、作出重大贡献的革命精神内涵和实质的认识，通过缅怀先烈伟绩，达到心灵的洗礼、思想的升华，珍惜今天来之不易的和平，进而坚定理想信念，增强责任担当，永葆党员干部清正廉洁的政治本色。

三、教学实施

1. 教学导入。放哀乐、学员向烈士默哀（宣誓，献花圈、花篮）。
2. 教师现场点评。

闽西革命烈士纪念碑 （曾才山摄）

缅怀革命先烈，传承不朽精神

一寸丹心图报国，两行清泪为思亲。透过斑斓的花枝，我们永远不会忘记，"在革命战争年代，闽西老区人民为中国革命胜利和新中国建立付出了巨大牺牲、作出了重大贡献"。这是 2010 年 2 月 13 日，时任中共中央总书记胡锦涛视察闽西时对闽西老区人民给予饱含深情的肯定和评价。2014 年 10 月 31 日，中共中央总书记习近平出席在古田召开的全军政治工作会议时又指出："闽西是原中央苏区所在地，对全国的解放、新中国的建立、党的建设、军队的建设作出了重要的不可替代的贡献。"

闽西的山山水水，浸透着先辈的热血。龙岩全市有革命基点村 610 个，在册的革命烈士有 2.36 万人，占全省烈士总数的 53%；为革命牺牲的群众有 16.6 万人，还有许许多多无名英雄。这是革命战争年代闽西人民"跟党走、听党话"，前赴后继，敢于牺牲的见证。今天，我们站在闽西革命烈士纪念碑前，表达对烈士最真诚的敬意和缅怀。他们为了理想，舍弃了亲人、舍弃了青春和生命，永远倒在了闽西大地和中华大地上。

1926 年，当闽西第一个党组织在万源楼悄然诞生，共产党的种子就在这块沃土上深深地扎下了根。此后，无数的热血青年、有志之士懂得了人生价值，共产主义的理想信念成为他们矢志不渝的追求和向往。罗怀盛、朱积垒、卢肇西、段奋夫、张赤男、阮山、林野等英烈们，为闽西红色政权的创建流尽了最后一滴血。烈士们的精神引领无数闽西儿女跟着共产党干革命。

在土地革命战争时期，10 万闽西子弟参加红军和赤卫队，他们舍家为国、血洒疆场，演绎了一幕幕感人的故事，谱写了一曲曲可

闽西红色培训现场教学点点评词

歌可泣的壮丽篇章。

在长征途中,中央主力红军从赣南、闽西出发,86000多人的长征队伍中有近3万闽西儿女。他们担负着前锋殿后、政工后勤、侦察救护等特殊而艰巨的任务,在突破湘江、强渡乌江、智取遵义、飞夺泸定桥、过雪山草地、攻占腊子口的过程中,闽西子弟屡建奇功,也付出了巨大的牺牲。在突破敌人第四道封锁线时,由闽西子弟组成的红五军团三十四师近6000人临危受命,担任全军总后卫,与数十倍之敌展开血战,绝大部分将士血染湘江,壮烈牺牲。长征部队到达陕北时,闽西子弟仅剩下2000余人,有25000多人倒在了长征路上。平均每一里路就倒下了一名闽西子弟!

长征道路上浇洒下千万个对革命无限忠诚的闽西战士的热血。吴富莲就是无数忠魂之一。吴富莲任红四方面军妇女先锋团政委。红军三大主力会师后,她担任妇女先锋团政委率部西征,为掩护主力部队转移,在河西走廊与敌军血战数月,吃树皮、嚼草根,由于孤立无援,弹尽粮绝,负伤被俘。在敌人面前,遭受各种折磨,仍坚贞不屈,献出了年仅25岁的生命。这位党的优秀女儿,从童养媳到苏区女干部,再到省委妇女部长,直到红军团政委,为革命赴汤蹈火,壮烈捐躯,其一生充满传奇,慷慨而悲壮。立志"要点点滴滴为人民"的闽西红军和闽西苏区的创建人之一郭滴人,为革命工作积劳成疾,病逝在陕北保安(今志丹县)。

抗日战争开始时,在新四军队伍中有约5000名闽西子弟。他们血洒长城内外、大江南北,谱写了许多气壮山河的正气歌。曾担任红军总医院院长、新四军二支队政治部主任的罗化成,在前线指挥作战中,因心脏病恶化,光荣牺牲。曾担任中国共产党福建省委第一任书记的陈明及其夫人辛锐,在与日寇的战斗中,牺牲在沂蒙山区。邱金声，新四军二支队三团副团长，是一位英勇善战的虎将，七次身负重伤，病逝在皖南抗日前线。曾任新四军二支队副司令员、十六旅政委的廖海涛，壮烈牺牲在江苏溧阳县唐马战斗中，他是抗战中牺牲的闽西子弟最高级别的烈士。陈康容，出生于缅甸。抗日战争爆发后，她与进步青年赴闽西参加抗日救亡活动。1940年秋被敌人秘密逮捕，敌人逼她写"自首书"。她大义凛然地写下四行诗："青春价无比，团聚何须提，为了伸正义，岂惧剥重皮。"就义时年仅25岁。

在解放战争中，闽西子弟南征北战，驰骋在各个解放区战场，为迎接人民共和国的诞生甘洒热血。张元寿，华东野战军副参谋长，牺牲在山东莱芜战役后；徐根竹，国际和平医院院长、延安医院院长，为保卫延安，牺牲在陕北。此外，还有巫先科、王长胜、马发贤、谌春山等等，在坚守闽西"二十年红旗不倒"中牺牲。

在众多闽西烈士群体中，还有一批外省籍的烈士，他们追随着心中的信仰，为了中央苏区闽西红色政权的创建，把自己的青春热血和生命献给了这块红土地。他们中有共产党的创始人之一何叔衡，共产党早期主要领导人之一瞿秋白、中共南方工委委员兼闽西特委书记王涛、红二十一军军长胡少海、红一军团第四军军长王良、福建省委书记兼省军区政委万永诚、中央卫生材料厂厂长唐义贞等。

闽西红土地上的英雄赞歌，还有许多是基层干部和普通群众共同谱写的血肉相连、鱼水情深的壮丽诗篇。

阙桥书，是上杭县通贤乡苏维埃政府主席。妻子惨遭敌人杀害，只身带着刚满三岁的女儿。红军长征后，一次带领乡亲们转移，敌人的枪声突然响起，怀里安睡的女儿被惊醒哭出声音，为了30多名乡亲的安危，他来不及多想，急忙捂住了孩子的嘴巴。憋气的孩

闽西红色培训现场教学点点评词

子蹬着双脚死命挣扎。他噙着眼泪，使劲地把孩子的小嘴巴紧紧地压在自己宽大的胸脯上。敌人走远了，乡亲们安全转移了，三岁的女儿却永远睡在了阙桥书的怀里。他抱着孩子僵硬的身子，颤身喊着："小女，乖女啊，爸爸对不起你，爸爸对不起你娘啊……"

连城县苏维埃政府主席沈邦翰和他的妻子——连城县委妇女部长黄富群，因遭叛徒出卖，夫妻双双被捕，被绑在连城县夫人庙前的两根石柱上。敌人妄图从他们口中得到县苏干部、游击队的消息，为了让他们开口，凶残的敌人挥着屠刀向他们砍去——一刀、二刀、三刀……整整二十八刀，沈邦翰直到流尽最后一滴血，也没有透露半点游击队的消息。沈邦翰牺牲后，敌人又剖开黄富群的胸膛，恶狠狠地掏出那勃勃跳动的鲜红的心脏。丧心病狂的敌人还将沈邦翰夫妇的头颅割下，挂在西门的城墙上。

被陕甘宁边区政府主席林伯渠誉为"伟大的革命母亲"的范大春，她不仅培育出了伟大的革命家张鼎丞，还全力支持自己的丈夫、两个儿子和侄女张锦辉参加革命，留下了"一门四烈士，悲壮泣神州"的佳话。更催人泪下的是，当得知儿子范炳元为了掩护永定县委转移，被反动派杀害，首级悬挂于永定县城的城墙后，她冒死秘密来到刑场，找到儿子身首异处的遗体，一针一线把儿子的头颅和颈部缝好，亲手把儿子埋葬……

陈客嬷，是闻名闽西的革命接头户，为红军游击队筹集粮食药品，传递情报。在一次为掩护特委机关时被捕。敌人用大把香火熏她的胸脯，又把她的两只乳房割掉，并在伤口上撒上盐巴，但她始终坚贞不屈。敌人只好把她枪决，因未中要害，死里逃生。她并没有被死亡吓倒，重伤未愈，又投入革命工作中。她说："死过一次的人了，这条命是白捡来的。如果再被敌人抓住，大不了就是死。就算前回已经死了，这会儿不管再活多长时间，都是白赚！"当她再次被敌人抓捕后，敌人无计可施，只好把她活活烧死。

历史不仅是英雄的历史，更是千万普通人的历史。新中国的诞生，是党紧紧依靠人民经过艰难曲折奋斗的结果。那些长眠在闽西土地上的革命英烈和长眠在祖国大江南北的闽西英烈们，有名的、无名的，都不是仅仅为了闽西，而是为了国家富强，为了更多人的幸福安康。这就是他们的理想信念。

理想信念不是抽象空洞的口号，不是"穿靴戴帽"的要求，也不是"虚无缥缈"的命题。在革命岁月，它是"砍头不要紧，只要主义真"的大义凛然的行动；在社会主义建设时期，它是"宁愿少活二十年，也要拼命拿下大油田"的拼搏精神；而在改革开放的年代，应该是心中有"公"，人民才能"安"，应该是对岗位工作的尽职尽责、对人民群众的尽心尽力、对自身要求的尽善尽美。今天，面对错综复杂的执政环境，只有精神上补足"钙"，真正把理想信念熔铸在血脉之中，标注下思想的纯洁、目标的纯净、行为的纯粹，才能端端正正地走好人生道路，对自己负责，对人民负责。

缅怀先辈，铭记历史，不仅要饮水思源，更要赓续一个政党和民族的精神血脉。从英烈和先辈的身上，我们看到了他们坚定不移的理想信念、不屈不挠的革命意志、鞠躬尽瘁的奋斗精神。这些不朽的精神，都应该成为我们的永恒记忆和力量源泉。

闽西红色培训现场教学点点评词

中央苏区(闽西)历史博物馆

一、教学主题

闽西"二十年红旗不倒"及其启示。

二、教学目的

紧密结合教学主题,依托中央苏区(闽西)历史博物馆丰富、翔实、直观的历史资源,帮助学员进一步了解中央苏区(闽西)革命历史,明确闽西是中国共产党在新民主主义革命时期创建并长期坚持的一个重要据点,闽西人民坚持革命斗争20余年,赢得"红旗不倒"的光荣赞誉,牢记闽西老区人民对中国革命胜利和新中国建立付出巨大牺牲、作出重要贡献,进而弘扬苏区精神,坚持和发展新时代中国特色社会主义。

三、教学实施

1. 教学导入。学员参观中央苏区(闽西)历史博物馆,由讲解员讲解。

2. 教师现场点评。

中央苏区(闽西)历史博物馆 (张永辉摄)

闽西"二十年红旗不倒"及其启示

土地革命时期，闽西作为中央苏区的重要组成部分，成为中国革命的中心区域。1934年10月，主力红军撤离中央苏区后，在敌我力量相当悬殊的情况下，闽西党组织和革命武装克服了令人难以想象的困难，坚持革命斗争直到1949年新中国成立。期间，党的各级组织一直坚持活动，革命武装长期存在，还有14.6万人口的地区约有20多万亩的土地一直保留在农民手中，直到革命胜利，成为"二十年红旗不倒"的区域。而整个民主革命时期真正称得上红旗不倒的地方只有两块：海南（即琼崖）和闽西。

闽西"二十年红旗不倒"具体体现在以下三个方面：

1.在整个新民主主义革命时期，闽西地区党的组织从未间断，党的旗帜没有倒。这里存在着20余年党的省、地、县领导机关，成为闽西人民革命的坚强领导核心。

1919年五四运动以后，马列主义在中国广泛传播。闽西一批知识分子受新思潮的影响，开始寻求革命真理，接受马克思主义。郑超麟（在莫斯科）、陈祖康（在法国）、林野（在广州黄埔军校）等，早在1924年就加入共产党，成为闽西最早的共产党员。接着，大批知识分子在外求学或工作期间加入共产党。他们当中，包括阮山、卢肇西、郭滴人、朱积垒、邓子恢、陈明、张鼎丞、张赤男、项与年等闽西苏区的创始人和开拓者。

1926年夏，中共永定支部在湖雷的万源楼建立。这是闽西最早建立的党支部。从此，中国共产党的旗帜高高飘扬在闽西山区这块红土地上，由此也揭开了闽西人民革命斗争的新篇章。

1927年蒋介石发动"四一二"反革命政变，闽西党组织经受了

闽西红色培训现场教学点点评词

严峻的考验。党的"八七"会议,推动了闽西党组织的恢复和发展。到1928年1月,永定、龙岩和上杭三县相继成立县委或临时县委,武平成立特支,党员总数达200余人。同年3月至6月,闽西党组织领导龙岩后田、平和长乐、上杭蛟洋、永定农民"四大暴动",掀起了闽西革命斗争的新高潮。7月,中共闽西临时特委在永定金砂古木督成立,闽西地方党组织开始有了统一的领导。1929年3月,毛泽东、朱德率领红四军入闽,推动了闽西地方党组织的发展。7月20日,中共闽西第一次代表大会在上杭蛟洋召开,正式成立闽西特委。1930年3月18日,闽西第一次工农兵代表大会召开,成立闽西苏维埃政府。从此,全区统一了党政领导,闽西革命根据地正式形成。不久,中共闽粤赣边区特委成立,原闽西特委机关撤销。随着赣南、闽西根据地连成一片,为加强领导,闽粤赣边区特委改为中共闽粤赣苏区临时省委。1932年3月,闽粤赣省委改为中共福建省委,并在长汀召开全省第一次工农兵代表大会,成立福建省苏维埃政府。因此,闽西除了地方领导机构外,福建省党的领导机构,也都设在闽西。闽西既是中央苏区的重要组成部分,又是领导福建开展土地革命的核心区域。

红军长征后,留在闽西的地方干部、红军和游击队转入深山密林,坚持游击战争。1935年4月,在永定县西溪乡召开赤寨会议,成立的闽西南军政委员会作为闽西南地区党政军最高领导机构,使闽西苏区沦陷后分散在各地的革命武装有了统一的领导指挥。到1936年1月,党的地方组织逐步恢复和建立,成立了8个县的军政委员会,另有区委50余个,支部400个左右,党员3000余人。

抗日战争爆发后,根据中共中央指示,于1937年10月成立中共闽粤赣边省委,撤销了闽西南军政委员会。第二年改称为中共闽西南特委。1941年1月,闽西国民党顽固派策划了"闽西事变",闽西地方党组织被迫转移上山隐蔽活动。不久特委、县委委员会制改为特派员制,党员分散进入偏僻山区,开展生产自给运动。1943年10月,中共闽粤边委(下辖中共闽西特委等3个特委和大埔中心县委)作出"恢复武装自卫,解决经济困难"的决定后,闽西地方党组织逐步得到恢复。

抗战胜利后,1946年6月,中共闽西特委恢复重建。1949年1月,中国人民解放军闽粤赣边纵队成立。5月后,中国人民解放军闽粤赣边纵队闽西南临时联合司令部成立,边纵主力在各地武装的紧密配合下,解放了闽西全境。各县县委也逐步恢复。1949年9月14日,经中共中央华南分局批准,闽粤赣边区党委撤销,成立中共闽西、闽南地委,归属中共福建省委领导。

2. 从中国共产党组建革命武装开始,闽西的革命武装和武装斗争就从未间断过,人民武装斗争的旗帜没有倒。

大革命失败后,中国共产党的"八七"会议,确定了开展土地革命和武装反抗国民党反动派的总方针。闽西党组织根据"八七"会议精神和福建临时省委指示,高举土地革命和武装斗争的旗帜,于1928年上半年,在龙岩、平和、上杭、永定等县发动领导以农民为主体的工农武装暴动,开始建立革命武装。永定暴动后的革命武装,在金砂金谷寺成立了红军营,由张鼎丞任营长、邓子恢任党代表,成为闽西最早的一支以红军命名的革命武装。为进一步促进闽西地区武装斗争的开展,临时福建省委决定由上杭、永定、龙岩与平和四个县的革命武装统一编制为红军。至此,闽西革命武装在短时间内,经历了由农军、工农革命军到红军的转变和发展过程,并开展了一系列小规模的游击斗争,打击了敌人,锻炼了自己。

闽西红色培训现场教学点点评词

1929年3月,毛泽东、朱德率领红四军从赣南转战闽西。经过长汀长岭寨战斗,三打龙岩城及永定、上杭白砂等战斗,先后消灭了当地军阀郭凤鸣、陈国辉和卢新铭部,解放了龙岩、永定、上杭、连城等县的广大地区。随后,红四军在中共闽西特委及地方武装的密切配合下,进一步打击了闽西地方反动势力,促进了各县红色政权的建立和土地革命的开展。初步形成了以龙岩、永定、上杭三县为中心的闽西革命根据地。在这个过程中,革命武装也不断壮大。1929年6月,鉴于闽西各地地方武装的迅速发展,红四军前委决定将地方武装充实到红四军一、二、三纵队,并进行扩编成立红四军第四纵队。这支由闽西子弟组成的红四军第四纵队,是福建地方武装组成的第一支主力红军。红四军也由入闽时的3000多人发展到7000多人。

1929年7月,中共闽西第一次代表大会召开,将闽西的革命武装斗争、土地革命和红色政权建设进一步引向深入。到1929年11月底,闽西红色区域已迅速扩大到龙岩、永定、上杭、武平、长汀、连城等六县纵横300多里之间的大片地区。在这区域内,先后建立了4个县苏维埃政府,2个县革命委员会和50多个区、400多个乡的苏维埃政权。1930年3月18日,闽西第一次工农兵代表大会在龙岩城召开,闽西苏维埃政府的成立,标志闽西革命根据地的正式形成。1932年3月18日,福建省第一次工农兵代表大会在汀州召开,成立福建省苏维埃政府。

在这期间,毛泽东关于红军要"宣传群众、组织群众、武装群众、帮助群众建立革命政权"的任务和扩大革命武装必须"经由乡赤卫队、区赤卫队、县赤卫总队、地方红军直至正规红军"的原则指导下,闽西苏区的革命武装得到迅猛的发展。

根据古田会议关于"打破群众自私自利的地域界限，创造强有力的超地方性的红军"的精神，1930年3月，闽西苏维埃政府军事委员会决定成立中国工农红军第九军。4月，根据中共中央的指示，红九军改编为红十二军，成立前敌委员会，直归中央指挥。1930年5月，刚成立不久的红十二军奉命出击广东东江。为了保卫闽西苏区，闽西苏维埃政府当即决定，将各县的赤卫队、少先队集中起来组建红二十军。仅1930年上半年，闽西苏区就接连成立了红十二军、红二十军、红二十一军三支地方主力红军，总兵力达到近万余人，并在古田会议精神的指导下开展政治军事训练，克服非无产阶级思想的影响，在斗争中锻炼成长，很快成为保卫和发展苏区的中坚力量。正如毛泽东在《中国的红色政权为什么能够存在？》一文中所说的："相当力量的正式红军的存在，是红色政权存在的必要条件。"到1930年7月，闽西苏区已经建立了5个县的苏维埃政府，57个区苏、5个区革命委员会，557个乡苏（武平、漳平县未统计在内），赤色区域人口达到85万。

　　1930年6月，根据全国苏维埃代表大会和全国红军代表大会的精神，以及中央关于整编红军的命令，将闽西、赣南革命根据地的红军整编为第一路军（不久改为红一军团）。原由福建子弟兵组建而成的红十二军，正式编入红一军团建制。为了配合红一军团的整编，闽西苏区开展了大规模的扩红运动，大批青壮年报名参加了红军。1930年11月，闽西总行委、红二十一军军委联席会议决定，将红二十军、红二十一军合编为新十二军。

　　总之，苏区时期，闽西先后创建了红九军（后改为红十二军）、红二十军、红二十一军、新十二军、红十九军等五个军。它们成为保卫闽西和中央苏区根据地的中坚力量。此外，还有大量的赤卫队

闽西红色培训现场教学点点评词

或暴动队等地方武装，赤卫队的后备军队，少年先锋队等，为红军的发展提供源源不断的后备力量，也坚守着闽西苏区根据地，使之不受敌人侵犯。

1934年10月，主力红军长征后，红色区域沦陷。国民党军队占领闽西苏区以后，进行了疯狂的报复。闽西有4000余户群众被杀绝，500多个村庄被毁掉。面对急剧变化的局势，从赣南中央苏区突围回闽西的张鼎丞、邓子恢、谭震林等成立了闽西南军政委员会，领导红八团、红九团及各县地方武装，与敌人进行了艰苦卓绝的三年游击战争。闽西游击区是红军主力长征后，中国共产党领导红军游击队在南方坚持游击战争的主要区域之一。先后打破了国民党军10个正规师的反复"清剿"，保存并发展了党组织和红军游击队，开辟了大片的游击根据地，在中国革命史上写下了光辉的篇章。毛泽东曾赞扬道："你们三年苦斗有很大的功绩。""你们坚持了三年游击战争，保留了这么多干部，保留和发展了部队，保留了20万亩土地，保卫了苏区广大群众的利益，这是伟大的胜利。"这是对闽西三年游击战争最好的评价。

抗日战争爆发后，1937年10月，国共两党达成协议，将在南方八省十四个地区坚持游击战争的红军游击队改编为国民革命军新编第四军。闽西南、闽粤边、闽赣边的红军游击队改编为新四军第二支队，以张鼎丞为司令员，谭震林为副司令员，邓子恢调任新四军军政治部副主任。各游击队相继开赴龙岩白土，同闽西红军游击队会合。各地不少爱国知识青年、海外侨胞纷纷前来投奔新四军，第二支队很快发展到2800多人，成为南方八省游击区由红军游击队改编为新四军的人数最多的部队之一。1938年3月，张鼎丞、邓子恢、谭震林率领新四军第二支队全体指战员，踏上了奔赴苏皖抗日前线的征途。

新四军二支队北上抗日后，留在闽西的共产党员和革命群众，在中共闽西南潮梅特委和方方、魏金水等领导下，积极开展抗日救亡运动，并同国民党顽固派的反共阴谋进行针锋相对的斗争。1941年1月"皖南事变"后，国民党顽固派策划了"闽西事变"，袭击中共闽西特委和龙岩、永定县委机关以及许多革命基点村，杀害党员、干部和群众百余人，搜捕群众数百人。9月，中共闽西特委再次遭袭击，特委书记王涛牺牲。在艰难的情况下，中共闽西地方党组织领导人民开展了以"保田"为中心的一系列斗争。同年冬，闽西党组织进一步贯彻中共中央关于"隐蔽精干"的方针，转入地下活动，党组织转移上山隐蔽，开展生产自救运动。这时，根据国共和谈协议，闽西党组织虽然没有保留武装队伍，但仍然紧紧地掌握武装，为解决经济困难，先后成立了闽西南武装经济工作总队和分队。1944年10月，成立"王涛支队"，同年冬，又成立"康容支队"，进行了"有理、有利、有节"的反顽自卫斗争，打击了顽固派的嚣张气焰，发展壮大了革命力量，创建了游击据点，为解放战争时期发动游击战争作了准备。

抗战胜利后，国民党又发动了内战。闽西党组织贯彻"争取和平民主，实行分散发展"的方针，决定王涛支队"以大队为单位，分散活动"，执行巩固老据点、开辟新据点和"添丁"（扩大队伍）、"发财"（筹款解决给养）的任务。1947年6月，中共闽粤边工委确定了"创造闽粤赣边人民解放军和解放区"的总任务。之后，闽西人民武装队伍闽粤赣边总队闽西支队在永定成立，并顺利地开展游击战争，发动群众反"三征"（即征粮、征税、征兵）斗争，使队伍不断壮大。至1948年底，全支队发展至650人。

闽西红色培训现场教学点点评词

1949年1月,中国人民解放军闽粤赣边纵队成立,由刘永生任司令员,魏金水任政委。闽西支队改编为边纵第七支队。在南下大军和边纵主力以及地方武装的强大攻势下,闽西国民党反动派迅速分化瓦解,一部分军政人员率部起义。6月,闽粤赣边纵闽西南联合司令部在永定成立,并开展了打击南逃的国民党残敌刘汝明、胡琏部的斗争。10月,闽西全境解放。

可见,从土地革命时期闽西子弟组成的5个军和大量的赤卫队等地方武装开展土地革命,保卫中央苏区,到红军长征后的游击队开展三年艰苦卓绝的游击战,再到抗日战争时期同国民党顽固派进行斗争,在解放战争时期组建王涛支队、闽西支队、闽粤赣边纵队等地区性武装,在这个长达20多年革命历程中,闽西为中国革命的胜利作出了重大贡献。

3.闽西是全国土地改革最早的地区之一,也是中央苏区分田斗争开展的最快、最彻底的地区,部分地区长期保留土地革命果实,直至全国解放,创造全国罕有的奇迹。

中国革命的胜利,必须紧紧依靠占人口85%的农民。只有解决农民的"命根子"——土地问题,中国革命的胜利才能得到保证。"八七"会议确定了开展土地革命和武装反抗国民党反动派的总方针。各地党组织开始领导了轰轰烈烈的土地改革。闽西"四大暴动"之一的永定暴动后,成立了福建第一个红色政权——溪南区苏维埃政府。随后,溪南区委、区苏维埃政府在张鼎丞、邓子恢的指导下,在没有任何经验可参照的情况下,通过深入调查,在与老农座谈的基础上,创造了以乡为单位,在原耕基础上采取"抽多补少、按人口平均分配"的办法,顺利完成了全区13个乡2万多人口的土地分配工作,使溪南区成为全国最早进行土地革命的地区之一。溪南苏维埃区域的土地革命斗争,不仅在福建是史无前例的,在全国也是屈指可数。毛泽东因此给予了"意义是很重大"的高度评价。为闽西进一步开展土地革命提供了宝贵的经验。

红四军入闽后,在毛泽东的亲自指导下,闽西的分田工作在实践中不断创新。1929年7月,中共闽西第一次代表大会通过的《土地问题决议案》,以抽多补少为基础,初步形成了一套较为完整的土地政策。1930年2月,中共闽西特委第二次扩大会议作出《关于土地问题决议案》,进一步规定"分田方法以抽多补少为原则,抽出之田以肥瘠均匀为度,好田多者抽好田,坏田多者抽坏田"。同年6月,中共闽西特委与红四军前委在上杭南阳召开联席会议作出的《富农问题》决议,更加明确地规定了土地分配"应该于'抽多补少'之外还加上'抽肥补瘦'这一原则"。

正确的土地政策的制定和完善使闽西出现了"分田分地真忙"的动人景象。至1929年8月,在长汀、连城、上杭、龙岩、永定纵横300多里的地区内,解决了50多个区、600多个乡的土地问题,有80多万贫苦农民得到了土地。毛泽东曾称赞说:"闽西土地解决办法最好。"土地改革极大地调动了农民的积极性,农业生产力大幅度提高,广大农民的生活得到了空前的改善。正如毛泽东在中华苏维埃第二次全国代表大会的报告中所指出的,"现在农民的生活比较国民党时代是至少改良了一倍。"

闽西土地革命历时近7年的时间,是中国土地革命的一个缩影。闽西成为中央苏区分田斗争开展得最快、最彻底的地区。闽西在土地革命中创造的许多新经验对中国共产党土地政策的形成起到了重要的政策借鉴作用。

1934年10月,主力红军长征以后,原闽西革命根据地的大部

闽西红色培训现场教学点点评词

分地区被敌人占领,还乡地主也乘机向农民"反攻倒算",纷纷夺回已分的土地。遭"反攻倒算"的农民有53万多人。为了维护农民的利益,保卫土地革命的胜利成果,留下来坚持革命的红军游击队,领导游击区的龙岩、永定、上杭等地农民向还乡地主开展了合法的、和平的与武装斗争相结合的各种形式的抗租斗争。至1937年7月,闽西共产党组织与国民党当局经过艰苦的合作抗日谈判,在双方签订的协议中,国民党当局保证"土地革命时期所分配的土地应保持原状;未分配土地的地区,应实行减租减息",从而确认了保田地区农民对土地的所有权。

1938年3月,新四军第二支队北上抗日后,闽西国民党顽固派认为恢复封建土地所有权的时机已到,便重新提出土地问题,一再煽动、策划和支持地主、豪绅进行"反攻倒算",逼租夺田。闽西党组织在国共合作抗日的前提下,领导闽西人民与顽固派和地主豪绅展开了有理、有利、有节的斗争,粉碎了国民党顽固派的种种阴谋,终于部分地保住了土地革命的果实。据新中国土地改革前调查,闽西有龙岩、上杭、永定等县的15个区、83个乡、14.6万人口的地区,约有20多万亩的土地一直保留在农民手中,直至全国解放。这是全国罕有的奇迹,是闽西"红旗不倒"的重要标志之一,这也是中国农民运动史上的奇迹,是中国革命历史上极其光辉的一页。

在长期的革命过程中,闽西地方党组织领导人民前仆后继,顽强战斗,终于迎来了全区的解放,赢得了"二十年红旗不倒"的光荣赞誉。这一光荣历程也给我们许多启示:

一是必须坚定理想信念。自从1926年第一面党旗在闽西竖起,在20多年的艰苦岁月里,闽西革命斗争历尽沧桑。期间,历经了大革命失败后的低潮,土地革命时期闽西"四大暴动"遭到挫折,主力红军长征后遭到国民党对闽西苏区疯狂的五次"清剿",抗日战争时期面对国民党顽固派的无理挑衅、阴谋袭击,解放战争时期面对国民党军队的"六路进攻"和"十字扫荡",但在闽西这片土地上的党旗始终高高飘扬,党组织始终成为领导人民的坚强战斗堡垒。屡经磨难而不馁,屡遭挫折而不衰,靠的是什么?就因为心中始终有这面旗帜,这是共产党人为之终身奋斗的目标,是心中崇高的革命理想和信念,是在困境中坚实的精神支柱,是战胜挫折和困难的力量源泉。

二是必须紧紧依靠群众。我们的党来自群众,服务于群众。这是党的性质和宗旨决定的。密切联系群众是党的政治优势。在艰苦的环境中,没有群众的支持,必然寸步难行。闽西能赢得"二十年红旗不倒"的光荣业绩,归根结底是群众的支持,是广大共产党员和群众同心协力。没有闽西群众送郎当红军、十万闽西儿女参加红军,没有广大群众积极支持生产建设和各项斗争事业,就没有闽西革命根据地;没有如永定的邱顺图、东肖的张龙地、陈客嬷等群众冒着生命危险为张鼎丞、邓子恢等红军游击队领导人送衣送粮作掩护,就没有三年艰苦的游击战保卫闽西苏区的这面红旗不倒下去。抗日战争时期,党组织紧紧依靠群众开展了以保田斗争为中心的革命斗争,才使土地革命的成果得以保存。解放战争时期,依靠人民,发展壮大了人民武装,粉碎国民党的"进攻"和"扫荡",迎接闽西的解放和新中国的建立。总之,闽西"二十年红旗不倒",是共产党员和闽西群众共同用鲜血和生命捍卫的。

三是必须坚持正确的方针政策。政策和策略是党的生命。闽西"二十年红旗不倒"充分证明了政策和策略的重要性。当1926年闽西竖起第一面党旗的时候,就把共产主义这一具有强大生命力的先

闽西红色培训现场教学点点评词

进思想播撒在这片热土上。在福建第一个红色政权——溪南区苏维埃政府成立之时,张鼎丞、邓子恢等便开始着手土地的没收与分配工作。不断完善、符合实际的土地改革政策,使闽西绝大多数群众分得了土地,也使中国共产党获得了闽西广大群众的热情拥护和支持,他们甚至用生命来捍卫革命的旗帜。红军长征后,面对敌人的白色恐怖,张鼎丞、邓子恢、谭震林等组建的闽西南军政委员会,坚决摒弃王明"左"倾冒险主义,紧密地依靠人民群众,独立自主地开展灵活的游击战争,从而保存并发展了党组织和红军游击队,开辟了大片的游击根据地,保持了中国革命的战略支点。抗日战争时期,张鼎丞、邓子恢、谭震林率领新四军第二支队北上抗日后,留在闽西的党组织积极开展抗日救亡运动,并同国民党顽固派的反共阴谋进行针锋相对的斗争,领导人民开展了以"保田"为中心的一系列斗争。在形势最紧张时,上山隐蔽,开展生产自救运动。让军事骨干去烧炭、开荒生产,与群众一道生存下来,保存一点一滴力量,保存一人一枪。在解放战争时期,闽西党组织又执行巩固老据点、开辟新据点和"添丁"(扩大队伍)、"发财"(筹款解决给养)的任务。开展游击战争,发动群众进行反"三征"(即征粮、征税、征兵)斗争。这些符合人民利益、符合大局、切合实际的正确的方针政策贯彻到基层,也使闽西成为"二十多年红旗不倒"的革命堡垒。

闽西人民革命历史是一部可歌可泣的英雄史诗,永远值得铭记。闽西"二十年红旗不倒"的光辉业绩对新时代的中国共产党人坚持走中国特色社会主义道路具有重要的历史启示,是把我国建成富强民主文明和谐美丽的社会主义现代化强国,实现中华民族伟大复兴中国梦的宝贵精神财富。

03　闽西生态文明建设教学点

福建梅花山自然保护区管理局供稿

闽西红色培训现场教学点点评词

梅花山中国华南虎园

一、教学主题

弘扬生态保护、生态建设理念。

二、教学目的

围绕教学主题,依托梅花山国家生态旅游示范区丰富、直观、真实的生态资源,帮助学员进一步了解生态示范区的现状,认识生态文明建设的重要意义,从而提高学员对生态文明建设的精神内涵与实质的理解,进而树立生态保护的意识,推进生态文明建设,实现永续发展,建设美丽家园。

三、教学实施

1. 教学导入。学员参观梅花山中国虎园,由讲解员讲解。
2. 教师现场点评。

梅花山中国华南虎 (福建梅花山国家级自然保护区管理局供稿)

还自然以宁静、和谐与美丽

人与自然是生命共同体。建设生态文明是中华民族永续发展的千年大计。我们看到的红豆杉园、梅花山中国虎园两处，是梅花山国家生态示范区的两个示范点，是闽西生态文明建设的窗口。梅花山自然保护区内连城县曲溪乡位于海拔1100米的黄胜地，其水流分别注入福建三大水系——闽江、九龙江、汀江，因而自古就有"水流三江地、八闽母亲山"之称。梅花山丰富的自然资源，是长期以来当地百姓发展生产，改善生活的重要依托。

这里，又有"北回归线荒漠带上的绿色翡翠"之美誉。梅花山自然保护区位于北纬25度附近，地球上与之同纬度的其他地区，大都是荒漠，或是树木稀少，或是草原地带，而梅花山层林叠翠、绿海无边，森林覆盖率达94%以上，负氧离子含量高达2万多，PM2.5常年低于6，这样的天然氧吧在世界也是不多见的。这里，还有"植物物种基因库"和"野生动物避难所"之赞誉。据统计，梅花山地区有国家重点保护植物18种，其中国家一级保护植物有钟萼木、南方红豆杉，二级保护植物有杜仲、伞花木、鹅掌楸等15种，还有兰科植物6属20余种，以及福建省级保护和珍稀、濒危植物53种；有国家重点保护动物45种，其中国家一级保护动物有华南虎、豹、梅花鹿等8种，国家二级保护动物有黑熊、猕猴、金猫等37种，另外还有新发现的动物24种。这里还被中外专家、学者誉为"华南虎的故乡"。梅花山地区是现存野生华南虎分布数量最多、栖息地较原始的地区，保护区分布有丰富的野生动植物种类。1991年，世界野生生物基金会（WWF）专家与国家林业部在闽、粤、湘、赣四省开展华南虎野外种群调查后认为："中国特有虎种华南虎，不仅在

闽西红色培训现场教学点点评词

梅花山生存、繁衍，并且仍在频繁活动。梅花山自然保护区是现存野生华南虎分布数量最多、活动最频繁的区域。"他们赞誉梅花山是"华南虎的故乡"和"华南虎最理想的栖息地"。

华南虎，也称厦门虎、南中国虎，是中国特有的虎种，生活在中国中南部。华南虎头圆、耳短，四肢粗大有力，尾较长，胸腹部有较多的乳白色，全身橙黄色并有黑色橙纹。华南虎以食草性动物（如野猪、鹿、狼）为食，是中国十大濒危动物之一和国家一级保护动物。据统计，时至今日全世界的华南虎数量不超过120只，数量极其稀少，濒危程度远远超过大熊猫。因此，我们的保护任务迫在眉睫，实施华南虎拯救工程意义重大。

华南虎拯救工程引起各级领导的高度重视。关爱国宝华南虎，关注生态大自然，就是关心人类自己。1998年，梅花山自然保护区在龙岩市委、市政府的大力支持下，率先在全国启动拯救华南虎项目工程，先后从苏州、桂林调入华南虎种虎6只，开展华南虎野化繁育，投入1400多万元在保护区外围的步云乡马坊村茶盘洞建立占地近7000亩的"中国虎园"，于2000年7月投入使用，2001年和2003年先后自然繁育出小虎二胎共6只，存活5只。目前已成功繁育20余只华南虎。种群数量的不断增加，标志着华南虎在高海拔原野式散养繁育取得了突破性的成功。

2000年8月30日，时任福建省省长的习近平同志到虎园考察。此后，由省长基金拨款50万元支持华南虎的保护，显示了他对生态文明建设的重视。

今天，依托华南虎野化繁育基地，"中国虎园"配套建立了食草动物（偶蹄类）散养区，园内现有梅花鹿、黄麂等30多只，还散养有猕猴、孔雀、黑天鹅等珍稀动物多种。梅花山华南虎栖息地保护工程和中国虎园的建设，使梅花山这块"北回归线荒漠带上的绿色翡翠"散发出夺目的光芒。奇特景观和丰富的生物资源，成了广大科研工作者的最佳教学、实践基地，也成了生态旅游和生态教育的好地方。

经过多年的努力，我们的工作得到了国家林业局及国际相关机构的一致好评。2011年，国家林业局批复同意在现有的虎园内继续扩大华南虎繁育及野化基地，预备迎回已经在南非野化多年的华南虎，改善现有虎种的基因，为了让华南虎能健康地回归山林，具备野化生存能力，在龙岩市委、市政府的领导下，我们始终坚持"在保护中发展，在发展中保护"的原则，投资3000多万元新建近1500亩虎园二期工程，同时配套建设了相关基地。我们很快就将看见虎啸山林景观的重现。

生态家园需要大家共同呵护。这里也有许多国家一级重点保护动植物。我们要感谢当地的村民们。虽然他们的文化水平不高，生活水平也不高，但他们的生态保护意识极强，恪守了祖辈留下的祖训，几十代人坚持不懈地倍加呵护，才有这名冠全国的红豆杉林；也正是有了这朴素的生态保护意识，积极配合政府，我们才能做好华南虎保护工作。党的十九大报告中提出："要像对待生命一样对待生态环境。"其实生态保护、建设的事业并不是难事，只要全社会都树立尊重自然、顺应自然、保护自然的生态理念，各级党委、政府把生态文明建设融入经济建设、政治建设、文化建设、社会建设各方面和全过程，坚持科学管理的办法，我们就不仅会留下绿水青山，也会有金山银山。中国梦的实现，离不开天蓝、地绿、水清的美丽家园。

绿满梅花山。这绿色充满了生机、饱含着活力，这绿色蕴含着

闽西红色培训现场教学点点评词

历史沧桑的沉淀,体现着现代文明的理念,随着生态文明建设的持续推进,一幅幅生态宜居的美丽画卷的不断展现,一个生态良性循环、蓬勃发展的梅花山生态保护区必将实现新的跨越。让我们共同携起手来,珍爱自然、保护生态,让美丽中国永续发展。

长汀县水土保持科教园

一、教学主题

红色土壤上筑起的绿色丰碑。

二、教学目的

依托长汀水土保持科教园教学点丰富的图片资料，通过讲解员的讲解，使学员了解长汀过去严重的水土流失状况、艰难的治理过程和卓有成效的治理成果。在此基础上，通过教师现场点评，使学员更加系统地了解长汀水土流失治理中的长汀经验和长汀精神，尤其是如何发动群众治山治水的经验和启示，进而提高学员的生态文明理念，在实践中推进生态文明建设。

三、教学实施

1. 教学导入。学员参观长汀水土保持科教园。由讲解员讲解长汀水土保持的过去、现状和成效。

2. 情景教学。由讲解员带领学员共同学习项南同志撰写的《水土保持三字经》（1983年4月）："责任制，最重要；严封山，要做到；多种树，密植好；薪炭林，乔灌草。防为主，治抓早；讲法治，不可少。搞工程，讲实效；小水电，建设好；办沼气，电饭煲；省柴灶，推广好；穷变富，水土保；三字经，永记牢。"

3. 教师现场点评。

闽西红色培训现场教学点点评词

红土地上的绿色丰碑

长汀曾是我国南方红壤区水土流失最严重的县份之一。20世纪80年代，长汀水土流失面积占全县国土面积的三分之一，水土保持科教园所在的河田镇，是当时长汀县水土流失最严重的乡镇之一。我们现在站在这里，放眼望去四周的山都是绿色，但在当时，这里的山头基岩裸露，由于土壤是红色的，火红的一片，远远望去就像新疆的火焰山一样，而一到下雨的时候，雨水夹杂着红色的土壤流到河里，甚至能将一条河染成红色。1980年，一位人民日报社的记者来到长汀县河田镇采访时曾感慨道："长汀真是红色的山，红色的水，红色的江山永不变色。"

一座座寸草不生的"火焰山"，一群生长于此的普通群众。山，究竟是怎么改变的？树，是怎么栽活的？

从1940年到现在，长汀水土流失治理历时近80年，期间出现过曲折反复，治理工作异常艰辛。为了圆一个绿色的梦，这里演绎了许多悲怆，也圆出了许多传奇。

兰林金，长汀县三洲镇戴坊村的一位普通村民，被评为2013年度感动福建十大人物。一位普通的农村人干了什么，能获此荣誉呢？兰林金曾是一位军人，退伍后，一场事故使得他双手残疾，一只手仅余四分之一，另一只手不足四分之三。凭着一双残手，他不仅像常人一样能生活自理，甚至能骑脚刹三轮摩托，从事养鸭、养鱼、种烟、种芋头等农活。2010年，兰林金把村里一个叫"红旗岭"的荒山开垦出来，种下了850亩的油茶。如今，红旗岭上，白色油茶花开满山坡。两年多来他靠着两只残手，托起绿化千亩荒山、治理水土流失的梦想。命运让他残缺了双手，但他却从不曾放弃追逐梦想的努力。这样一位红旗岭上残疾铁人，只是长汀水土流失综合治理中的一名普通群众。在长汀还有很多像这样的造绿英雄，正是他们的努力，才使长汀从"荒山"变成"绿洲"。

一位退休的长汀县水保局干部曾说："干了10年，我觉得最重要的一条，就是必须要把群众发动起来，让群众一道参与治理保护，否则怎么干都白搭！"

长汀县策武镇有个叫南坑的村子，这个地方过去有个难听的别名叫"难坑"，当时水土流失严重，环境恶劣，做什么都难。村民过的是"种田填不饱肚皮，打鱼摸不到虾米""砍柴刈草换油盐，养头瘦猪为过年"的日子。1985年一个叫沈腾香的新娘嫁到这里，开始了一段不简单的生活。为了彻底治理荒山，她四下奔走，想方设法。她与村里的乡亲，一起养母猪、建沼气池、种银杏。经过十几年的努力，南坑成为远近闻名的"闽西银杏第一村""生态养殖基地村"。

长汀曾是我国南方红壤区水土流失最严重的县份之一。经过70多年之久的水土流失治理经历，培育了以"滴水穿石、人一我十"为核心的长汀精神，总结出"政府主导、群众主体、社会参与、多策并举、以人为本、持之以恒"的长汀经验。

长汀经验有力地说明，只要我们"树立和践行绿水青山就是金山银山的理念，坚持节约资源和保护环境的基本国策，像对待生命一样对待生态环境，统筹山水林田湖草系统治理，实行最严格的生态环境保护制度，形成绿色发展方式和生活方式"，就一定能走好"生产发展、生活富裕、生态良好的文明发展道路"，建设美丽中国的梦想就一定能够实现。

闽西红色培训现场教学点点评词

全国林改策源地武平捷文村

一、教学主题

集体林权改革，带动绿色发展。

二、教学目的

紧紧结合教学主题，依托全国林改策源地武平捷文村丰富、直观、真实的教学资源，帮助学员了解武平集体林权改革的主要实践及其显著成果，从而深化对习近平新时代中国特色社会主义生态文明建设思想的认识，增强推动生态文明建设的自觉性和主动性。

三、教学实施

1. 教学导入。学员参观武平捷文村，由讲解员讲解。
2. 教师现场点评。

全国林改策源地武平捷文村 （王泽华摄）

集体林权改革，带动绿色发展

武平是习近平同志任福建省省长期间亲自指导的集体林权制度改革（简称林改）的发源地。

2001年，"破天荒"的林改从万安镇捷文村这个小山村拉开序幕。2002年6月，时任福建省省长习近平同志到武平万安镇捷文村调研，亲自指导、全力推动林改工作，并作出"集体林权制度改革要像家庭联产承包责任制那样从山下转向山上"的历史性决定。被誉为"继家庭联产承包责任制后，中国农村又一场伟大革命"的林改从武平开始，逐步推广至全省、全国。武平提出的"明晰产权、放活经营权、落实处置权、保障收益权"为主要内容的林改经验，也先后被中共中央和国务院文件采纳吸收，石破天惊的农民创举上升为国家举措。武平县集体林权制度改革的卓越实践吸引了高层领导和政策制定层面的关注，也吸引了媒体的广泛关注。2017年7月，全国深化集体林权制度改革现场经验交流会在武平召开，"全国林改第一县"武平聚焦了全国媒体的目光。

武平县集体林权改革的主要实践体现在下面几个方面。

一是在全国率先开展林权直接抵押贷款，激发林业发展新活力。2004年6月，武平县在全国率先开展"林权抵押贷款"试点工作；2013年7月，武平县在全省率先开展林权直接抵押贷款；至2017年10月末，共发放林农"直接抵押+收储担保"模式贷款595户7189万元，贷款金额2764万元。2015年10月，武平县在全省率先开展林权抵押贷款村级担保合作社担保模式；截至2017年10月，林权抵押贷款村级担保合作社累计担保贷款339笔4514万元，贷款余额2501万元。到目前全县累计发放林权抵押贷款3.95亿元，贷款余额

3.14亿元。2017年7月,武平县又在全国率先推出"普惠金融·惠林卡"金融新产品,授信额度最高可达30万元。这些措施真正为林农敲开了银行门,盘活了万重山,实现林业发展有钱投。

二是在全国首创重点生态区位商品林赎买机制,保护绿水青山。武平县于2009年在全国率先开展重点生态区位商品林赎买工作,探索建立的重点生态区位商品林赎买机制,为2015年福建在全国率先开展重点生态区位商品林赎买改革提供了借鉴。2015年武平县也被列为全省7个首批试点县之一,妥善处理了生态保护与林农利益的关系。

三是在全国率先探索"兴林"扶贫,走出脱贫攻坚"武平模式"。作为福建省23个脱贫攻坚重点县之一的武平县,以"国家林下经济示范基地"建设为抓手,结合精准扶贫,安排专项扶持资金,重点扶持林下经济经营单位及贫困户发展林药、林花、林菌、林蜂等林下经济,把林业产业发展与精准扶贫相结合,走出了一条"不砍树也致富"的新路子。出现了武平梁野仙蜜专业合作社吸纳近200名残疾贫困农民共同脱贫致富等许多先进典型。在林下经济产业扶贫等多项措施推动下,2016年武平县扶贫办被评为"全国扶贫系统先进集体"。2017年武平县基本实现脱贫。

四是在林改政策上有新举措,从制度、政策上保障林权制度改革。近年来,武平县先后出台了《关于深化林业金融体制改革的若干意见》《关于全面深化集体林权制度改革加快国家生态文明示范县建设的意见》和《关于贯彻落实全国深化集体林权制度改革现场经验交流会精神加快国家生态文明示范县建设的实施方案》等政策文件。武平县政府与福建农林大学签订《县校合作框架协议》。双方以深化林改为重点,全面开展战略合作。

武平林改的创新实践带来了丰富成果，主要可概括为如下几个方面。

一是万山添新绿，林改催生好生态。2001—2017年，武平县累计造林面积71.5万亩，超过林改前25年的总和。2016年全县森林覆盖率达79.7%，城区空气质量优良天数比例达99.4%，环境空气质量位居全省前三。生态优势成为武平最大的优势。武平县先后荣获"全国环境综合整治先进城市""全国绿化模范县""全国封山育林先进县""全省环境优美县城""国家园林县城"等荣誉称号。

二是"点绿成金"，县域绿色经济蓬勃发展。林改作为武平全面深化改革的一个缩影，辐射带动其他各个领域改革，有力促进了武平的县域经济发展，印证了习近平总书记"绿水青山就是金山银山"的科学论断。15年来，农民人均林业纯收入增加了8.1倍，财政收入增长近10倍。原先的国定贫困县连续两年成为"福建省县域经济发展十佳县"。

三是群众富裕，社会文明安定和谐。林改带来了社会风气的好转，让社会文明和谐安定，武平成为远近闻名的"好人之城""中国平安建设先进县""全国文明城市"。

武平林改的突出成效引起了总书记的关注。2012年3月7日，习近平同志指出，"集体林权制度改革，我在福建的时候这件事就开始抓了。多年来，在全省干部群众不懈努力下，这项改革已经取得了实实在在的成效，要继续巩固改革成果。"2017年5月23日，习近平总书记对福建集体林权制度改革作出重要指示，充分肯定福建林改15年取得的成绩，要求"福建以建设国家生态文明试验区为契机，深入总结经验，不断开拓创新，继续深化集体林权制度改革，更好实现生态美、百姓富的有机统一，在推动绿色发展、建设生态文明上取得更大成绩"。

武平林改是社会主义生态文明建设的一个典型实践。在中国特色社会主义新时代,武平林改将继续深化,按照党的十九大报告提出的"产业兴旺、生态宜居、乡风文明、治理有效、生活富裕"的总要求,全力推进实施乡村振兴战略和推进农业农村现代化。

长汀三洲生态建设示范区

一、教学主题

荒山变绿洲，长汀生态家园梦不停步。

二、教学目的

依托三洲万亩杨梅基地和长汀汀江国家湿地公园教学点丰富、直观的资料，通过讲解员讲解，学员了解长汀治理水土流失的历程和取得的成果。在此基础上，通过教师现场点评，使学员更加系统地了解以河田、三洲为代表的长汀水土流失治理和生态文明建设情况，了解其荒山连片到瓜果飘香再到美丽家园的历程，进而增强推进"发展绿色经济，建设美丽家园"的决心和信心。

三、教学实施

1. 教学导入。学员参观三洲万亩杨梅示范基地和汀江国家湿地公园。由讲解员讲解三洲治理水土流失历程和汀江国家湿地公园概况。

2. 教师现场点评。

汀江国家湿地公园

荒山变绿洲　生态家园梦不停步

几十年来,长汀人民走出了一条开发性治理水土流失的道路,被誉为"中国水土流失治理的品牌""南方水土流失治理的一面旗帜"。三洲水土流失治理走过了从"荒山"到"绿洲"再到"美丽家园"的历程,通过"造绿""造福""造式"形成了生态文明建设的三步走战略。

第一步,造绿:从"荒山"到"绿洲",打造三洲绿水青山

长汀曾是全国南方花岗岩地区水土流失最严重的区域。三洲则是其中水土流失最严重的乡镇之一,水土流失面积曾占山地总面积的53%,山上光秃秃的,土壤为红壤,在阳光下闪耀着可怕的红光。"山光、水浊、田瘦、人穷"是昔日三洲的真实写照。直到1993年,长汀县林业局在荒山上成功试种的56亩东魁杨梅改写了三洲历史。经过20多年的治理,三洲水土保持生态建设成效显著,水土流失面积减少、比例下降,曾经的荒山披上了绿装,"火焰山"变成"瓜果山",种植的万亩杨梅取得良好收益,不但销售到省内外,每年的"杨梅节"还吸引了许多游客来到三洲,在树下感受采摘杨梅的乐趣,三洲成为远近闻名的"杨梅之乡"。杨梅给三洲带来了生态与经济效益的双丰收,实现了从荒山到绿洲的梦想。

第二步,造福:从"绿洲"到"家园",打造居民幸福生活

"百姓富、生态美"是长汀县新一轮水土保持生态建设的目标。为充分展示长汀水土流失治理和林业生态建设成果,展示"湿地、森林与水"紧密联系,增强生态保护意识,促进全县生态文明建设,长汀县以湿地资源丰富的国家历史文化名村三洲村为中心打造"福建长汀汀江国家湿地公园"。2017年12月,长汀汀江国家湿地公园通过了国家林业局验收，已经正式成为"国字号"的国家级湿地公园，成为龙岩首个，全省第二个国家级湿地公园。

在三洲镇三洲村县道旁的瑶泉小区，一排排一幢幢具有"徽派风格"的新楼拔地而起，成为三洲古镇的新亮点。小区与美丽乡村建设、生态家园建设有机结合，有效地解决了村镇居民的生活环境问题，为三洲百姓的幸福生活创造了条件。曾是长汀水土流失核心区的三洲镇，通过造绿与造福相结合，成为长汀水土流失治理，改善生态与改善民生并举的样板。

第三步，造式：从"小家"到"大家"，打造长汀生态模式

水土流失是造成生态环境恶化、贫困加剧的原因之一，是我国面临的重大环境问题，全国有76%的贫困县和74%的贫困人口生活在水土流失严重地区，治理水土流失也就成为一项重大而紧迫的战略任务。三洲把新农村建设与发展乡村旅游相结合；把客家文化传承与生态文化建设相融合；把苏区精神与绿色生态建设的"长汀精神"相结合，打造出一个建设美丽家园的"长汀模式"。

2012年，习近平同志作出重要批示："长汀县水土流失治理正处在一个十分重要的节点上，进则全胜、不进则退。"这是新一轮的集结号，也是站在更高起点上的一次动员令。从血红的记忆到翠绿的追寻，决心没有一丝减弱，脚步不曾一刻停留。长汀人民弘扬"滴水穿石，人一我十"治理水土的精神，再一次开启了新的征程。

04　新罗区教学点

郭鹰摄

闽西红色培训现场教学点点评词

邓子恢纪念馆

一、教学主题

学习邓子恢坚持实事求是的思想作风。

二、教学目的

结合教学主题,依托邓子恢纪念馆丰富、直观、真实、生动的历史资料,帮助学员了解邓子恢这位伟大的共产主义战士,杰出的无产阶级革命家、政治家,农村工作的卓越领导人。从中感悟邓子恢的崇高品德,进一步坚定政治信念、改进工作作风,当好人民公仆。

三、教学实施

1. 教学导入。学员参观邓子恢纪念馆,由讲解员讲解。
2. 教师现场点评。

邓子恢纪念馆 (郭鹰摄)

邓子恢实事求是的思想作风

邓子恢是伟大的无产阶级革命家、杰出的政治家、农民运动和农村工作的卓越组织者和领导者、党和国家第一代重要领导人之一。他在农村工作中始终坚持实事求是，一切从实际出发的思想品格和工作作风。他实事求是的崇高风范尤其令人敬仰。我们从两个方面来认识。

一、他坚持实事求是地制定土改政策

大革命失败后，面对白色恐怖，他和张鼎丞等同志以大无畏的革命精神和卓越的胆识领导了闽西农民暴动，开始创建闽西革命根据地。其间，他和张鼎丞在没有任何经验可参照的情况下，凭借深入调查，与老农民座谈，创造了以乡为单位，在原耕地基础上"抽多补少"，按人口平均分配的办法，顺利完成了13个乡2万多人口的土地分配工作，使溪南区成为全国最早进行土地革命的地区之一。后来，在领导闽西根据地建设过程中，在调查研究的基础上，他又把土改政策进一步完善为"抽多补少、抽肥补瘦"的分田经验，为闽西和中央苏区进一步开展土地革命提供了宝贵的经验。

抗日战争胜利后，解放区群众提出分田要求，中央提出要研究制定新的土地政策，以取代抗战时期实行的减租减税政策。为此，在指导和开展试点乡工作的基础上总结经验，他在华中解放区推行"中间不动两头平"的分地方针，在短短三个月时间完成了涉及2400万人的土地改革。1947年中央全国土地会议上，"中间不动两头平"的土地政策被中央肯定为"最坚定的土改路线"。这一政策立足于旧中国农民大多是文盲的认知水平，适应农民的心理特点，符合当时农村农民的实际，是极富创新的观点。

中华人民共和国成立后，根据新的实际，邓子恢又把"中间不动两头平"的土地政策作了进一步的调整。在20世纪50年代指导农业合作化运动中，他提出要"从中国农村贫穷落后的现状出发，实行自愿互利、稳步前进的方针"；在纠正人民公社运动中"左"的偏差时，又提出一系列调整经营体制的意见，主张建立包括包产到户在内的多种形式的生产责任制。这些符合实际、大胆创新的土地政策和真知灼见，体现出他深入群众调查研究，实事求是的思想作风。

二、他坚持求真务实地面对逆境形势

坚持实事求是，就要"不唯上、不唯书"，坚持在实践中检验真理和发展真理。20世纪30年代初，由于"左"倾路线在党内占统治地位，在土地政策上推行"贫农分好田，富农分坏田，地主不分田"的政策，在苏区提出"反富农路线"，从而把富农推向与革命对抗的道路，增加了革命的阻力。邓子恢不随波逐流，而是坚持提出用"地主也分田"来替代"地主不分田"的政策，给地主以出路，减少革命的阻力。"分"与"不分"，虽一字之差，却充分体现了他求真务实的高尚品德。

1949年后，在农业合作化问题上，邓子恢从当时我国小农经济的现状出发，从群众的觉悟水平和干部的管理水平出发，坚定地实行党中央肯定的自愿互利、稳步前进的方针。1955年，随着农业合作化运动的胜利发展，党内一些人头脑开始发热，提出合作社由原计划100万个增加到130万个。不少地方出现了贪多、贪快、贪高的急躁冒进偏向，违背了自愿互利的原则，有的地方农民发生"杀猪宰牛砍树"的现象。邓子恢在调查研究的基础上，向中央提出"合作社原计划100万个切合实际，不能再扩大"。这个分歧表面上是几十万个的数量之争，实际上反映了是否坚持实事求是的思想路线问题。然而他的正确意见却一再被斥为"小脚女人走路",是右倾。面临巨大的压力,他仍然坚持一个共产党人的崇高品质,继续深入实际调查研究,以巨大的政治勇气向党组织直抒己见,如实反映广大农民的心愿。

随后人民公社运动一哄而起,农村出现了一系列新的矛盾和问题,城乡经济陷入了空前困难的境地。邓子恢心急如焚,他先后亲自到山西、河北、江苏和福建龙岩家乡等地作调查研究,直接同农村干部和农民交谈。在调查研究的基础上,他向中央提出了一系列调整经营体制的意见,主张人民公社实行三级所有制、实行包产到户在内的多种形式的生产责任制的建议。然而在当时"左"倾错误思想指导下,"包产到户"引发了党的历史上一场著名的政治大风波,邓子恢再次遭到批判,被指责为"刮单干风"的总代表,是走"资本主义道路"。从此,人们视"包产到户"如虎,谈"包"色变。在这么严峻的情况下,邓子恢仍然没有轻易放弃自己的观点。因为他坚信自己的意见来自于实践,来自于群众,是真理在身、正义在手和有公心、有正气的体现。

我们向邓子恢同志学习,就要学习他为了党和人民的事业坚持真理、开拓创新、无私无畏的精神。实事求是作为党的思想路线,毛泽东思想的精髓,成为革命事业成功和推向前进的思想武器,也是党优良的思想作风和工作作风。今天,我们已经迈进中国特色社会主义新时代,开启了到本世纪中叶把我国建成富强民主文明和谐美丽的社会主义现代化强国的新征程。邓小平同志指出:"过去我们搞革命所取得的一切胜利,是靠实事求是;现在我们要实现四个现代化,同样要靠实事求是。"在中国特色社会主义新时代,我们仍然要大力弘扬党的实事求是的精神,这不仅是工作的需要,更是共产党人优秀品质的内在要求。

后田暴动纪念馆

一、教学主题

闽西土地革命之先声。

二、教学目的

紧紧结合教学主题,依托后田暴动陈列室的历史资料和后田暴动指挥部旧址,回顾土地革命战争时期,邓子恢、郭滴人等在家乡龙岩领导后田农民武装暴动的历史经验,进而提升学员对闽西革命根据地创建的艰辛,以及党探索走农村包围城市,武装夺取政权道路的历程的认识,珍惜来之不易的幸福与和平。

三、教学实施

1. 教学导入。学员参观后田暴动陈列室和后田暴动指挥部旧址,由讲解员讲解。
2. 教师现场点评。

后田暴动旧址 (郭鹰摄)

闽西土地革命之先声

鸦片战争后,外国资本主义侵略势力日益渗透到偏僻的闽西山区。西方列强为攫取最大的利润,疯狂地进行经济掠夺,在闽西大肆倾销商品,造成"土布被洋布打败,土纸被洋纸打倒,条丝被卷烟排挤"的局面,大批农民和手工业者失业陷入极度贫困。连绵不断的军阀混战,以及军阀们对人民的横征暴敛,给闽西人民带来无穷无尽的灾难。同时,广大农民又深受封建地租、高利贷、田赋捐税的繁重剥削。土地革命之前的闽西土地高度集中,地主占有85%的土地,而占人口85%的农民却只占15%的土地,地租最低60%,高的达80%。闽西人民为求翻身得解放,被迫走上革命道路。正如毛泽东指出:"帝国主义和中国封建主义相结合,把中国变为半殖民地和殖民地的过程,也就是中国人民反抗帝国主义及其走狗的过程。"

1927年蒋介石发动反革命政变,对中国共产党人举起了屠刀,导致了大革命失败。"八七"会议确立了武装斗争和土地革命的总方针,开启了中国共产党独立领导武装斗争,开展土地革命的新阶段。在"八七"会议精神的指导下,闽西党组织从1928年春开始,组织领导了农民"四大暴动"。打响闽西农民暴动第一枪的就是后田暴动。1928年3月4日,罗怀盛、郭滴人、邓子恢等首先以龙岩白土后田为中心,发动了后田农民武装暴动。暴动遭到陈国辉的镇压,逮捕了共产党人和群众60余人。后田暴动虽然因敌人的残酷镇压和准备不足而失败,但它揭开了闽西工农武装起义的序幕。这次暴动打击了国民党军阀陈国辉支持的地主武装"老人会",并焚烧了地主豪绅的田契债约,给广大贫苦农民分了粮;组建了革命武装,开展

闽西红色培训现场教学点点评词

了游击战争；暴动锻炼和教育了党组织和革命群众，扩大了革命影响，为后来闽西各地的武装暴动提供了重要经验。后田暴动后，闽西又发动了平和暴动、上杭蛟洋暴动和永定暴动。从此，揭开了闽西土地革命的新篇章。后田暴动是闽西土地革命的先声，从此闽西进入了武装斗争的新阶段，为后来的苏维埃政权建设和革命根据地的建立开辟了道路。

后田暴动的经验表明，中国是一个以农业经济为主的半殖民地半封建的大国，中国农民占人口的绝大多数，中国民主革命的主要任务之一就是反封建，因而农民问题是中国革命的中心问题；农民又是中国革命的主要力量，中国的武装斗争实质上就是无产阶级领导下的农民战争。让农民翻身，为中国最广大的民众谋利益，是中国共产党的初心，也是中国共产党走向成功的力量源泉。

今天，中国共产党正在带领人民群众实现从站起来到富起来再到强起来的跨越，正在迈进中国特色社会主义新时代。让人民群众过上美好的生活，是中国共产党始终如一的奋斗目标。只有坚持党的全面领导，坚持以人民为中心的发展思想，抓住人民日益增长的美好生活需要和不平衡不充分的发展之间的主要矛盾，推动发展不平衡不充分问题的解决，调动最广大群众的积极性和创造性，才能让新时代成为全国各族人民团结奋斗、不断创造美好生活、逐步实现共同富裕的好时代。

培斜淘宝村

一、教学主题

实现"百姓富"与"生态美"的有机统一。

二、教学目的

紧扣教学主题,依托培斜村20多年的发展成就,帮助学员深入理解正确处理好生态文明建设和经济发展的辩证关系,促进经济效益、社会效益、生态效益同步提升,实现"百姓富"与"生态美"的有机统一。

三、教学实施

1. 教学导入。学员参观乡村,由村干部或讲解员讲解。
2. 教师现场点评。

培斜淘宝村 (培斜村供稿)

实现"百姓富"和"生态美"的有机统一

"百姓富"与"生态美"的有机统一,以一种通俗易懂的表达方式,把环境保护和经济发展的辩证关系体现出来。"百姓富"不仅包含物质富裕、精神富有,也包含宜人生态;"生态美"既指良好的自然生态,也包括和谐的人居环境、社会环境。新罗区培斜村正是实现"百姓富与生态美"有机结合的样板村。

1993年以前,培斜村还是福建省省级贫困村。20多年后的今天,培斜村村庄建设规划有序,环境整洁优美,社会安定祥和,村民生活富足踏实,实现了"百姓富与生态美"有机结合。培斜村经济实力从曾经的省定贫困村蜕变为全国文明村、中国特色村,成为小池镇首富村。2017年全村社会总产值超过3亿元,村财收入112多万元,村民人均收入2.06万元,成为新罗区的"富裕村"之一。培斜村成为远近闻名的"竹席之乡"和"茶叶之乡",先后被评为全国文明村、中国特色村、中国淘宝村、国家3A级旅游景区等称号。2017年被住房城乡建设部评为第四批美丽宜居村庄。

培斜村的变化是怎么来的?归结起来,就是唱响"有条件要发展,没有条件创造条件也要发展"这首主题曲。通过多年努力,培斜村奏出了竹茶加工兴村、电子商务富民和生态旅游旺村的经济发展"三部曲"以及"绿水青山"和"金山银山"相统一的"第四部曲",实现了美丽乡村、幸福培斜的发展目标。

第一部曲:竹茶加工兴村

早在1993年,村党支部就创新发展思路,努力增强自我造血功能。他们大胆突破本村竹林不多也没有矿产资源的思想束缚,大力引导发展竹凉席产业,产品统一以"天然牌"商标销售。在2008年至2010年，新建标准化厂房2万多平方米，促进竹凉席产业升级和规模化生产，形成了全年生产门帘席100多万床、竹产业年产值达1.6亿元的规模。2017年，全村竹制品加工厂有42家。培斜村成为远近闻名的"竹席之乡"。

2003年年初，村党支部居安思危，因地制宜寻找新的经济增长点。村党支部利用本村海拔高、土质好、气候适宜等自然优势，带头在闲置荒地上种植无公害高山茶。目前，全村种植茶叶面积1500多亩，建成茶叶加工厂20家，茶叶年总产值达1500多万元，是远近闻名的"茶叶之乡"。种茶制茶既有经济效益，又有生态效益和社会效益，从而找到了崭新的致富路。

党支部的引领和党员干部的带动，为村民找到赚钱的路子，为全村的持续发展提供动力。培斜人通过农业立村、工业富村，大胆先行先试，推进经济增长，使培斜村由"输血型"贫困村转变为具有产业支撑的"造血型"示范村，村民在自己家门口创业，过上了富裕幸福的生活。

第二部曲：电子商务富民

富裕起来的培斜人没有止步。他们优化产业结构，实现绿色转型升级。2013年，村党支部抓住电子商务逐渐由城市向乡村拓展的机遇，围绕农业产业结构调整和农民增收的主线，紧扣培斜村主打的竹茶产业，拓宽传统产品销售渠道，服务于即将开创的旅游产业，打造"龙岩培斜淘宝村"电商品牌，开辟电子商务新兴市场。培斜成为福建省唯一大型淘宝村，是国内14个大型淘宝村之一。培斜村的发展搭上了信息化的时代列车，产生的效益呈几何级数增长。2017年，全村有20家实体店和120多家网购店投入运营，电商从业人员200多人，经营范围涉及竹凉席、茶叶等农产品以及服饰、日用品等诸多领域,带动特色农产品网上销售。2015年电商营业收入超过8000万元。

第三部曲:生态旅游旺村

党的十八大提出了生态文明建设的目标,建设"美丽中国"成为亿万中国人的共识和自觉行动。2013年,村党支部抓住建设"美丽中国"的机遇,推出"竹茶之乡、生态培斜"旅游品牌,进一步提升培斜乡村旅游业。以乡村文化生态旅游为抓手,由党支部牵头,以全民参与、合作社入股形式,按村集体、村民、社会经济能人各出资30%的"三三制"筹资比例,筹得发展乡村文化旅游产业建设启动资金1000万元。村两委与旅游咨询有限公司合作,规范化管理龙岩市新罗区培斜生态乡村旅游专业合作社,采取公司化经营模式,成立了福海龙乡旅游发展有限公司,聘请上海设计院的专家制订发展规划和建设方案,作出实施新建农家旅馆、扩建农家乐、电商旅游相结合的经营决策,综合开发培斜乡村旅游资源。大力发展休闲农业与乡村旅游业,不仅建设了"美丽乡村",也直接改善了农民生活。"竹茶之乡、生态培斜"正彰显出无限的魅力。

第四部曲:"绿水青山"和"金山银山"的有机统一

绿水青山和"金山银山"不是对立的。经济发展是第一要务,但在经济发展的同时,一定要重视保护生态环境。我们既要百姓富,又要生态美。培斜村在发展经济的过程中始终强调任何形式的开发利用都要在保护生态的前提下进行。

在培斜经济"五年一小步,十年一大步"的发展中,实现了在发展工业经济的同时重视保护生态,完整保留了九溪庐8000多亩原始生态公益阔叶森林;重视环境建设,营造宽松舒适的人居环境,为开发九溪庐生态农业观光园和发展"森林人家""农家乐"等乡村旅游项目提供了先决条件。

培斜村还投入了大量资金完善本村基础设施,建起了占地41亩的农家别墅;实施村庄绿化美化工程,全村绿化覆盖率达到95%。新村庄大门、农民水上乐园、幸福长廊、瓜果长廊、溪流漫步、五谷丰登等一批基础设施的完工,进一步美化了村民的生产、生活环境。

培斜村在开发乡村旅游项目时,着力保持原生态农村的"农"味、"土"味和"野"味,杜绝对原有景观的开发性破坏。在农业生产中尽量少用或不用农药、化肥,以保持青山绿水、空气清新的乡野气氛,努力做到人与自然互惠共生,浑然一体,创造无污染、无公害环境,力求达到一种和谐美。青山绿水和清新空气带来的弥漫四周、沁人心脾的乡野气氛,带给人们生理和心理上的满足。

培斜村人长期自觉保护生态环境,得到了丰厚的回报。如今,"清新培斜"已成为培斜村的金字招牌。节假日培斜村游人如织,良好的生态环境产生独特的竞争力和吸引力。农家乐、生态游,正在迸发出无限的发展生机和活力,培斜的人气变得更旺,展现了更大的后发优势。"百姓富"与"生态美"有机结合的理念和自觉行动,改变了培斜人的生产方式和生活方式。坚定走"生产发展、生活富裕、生态良好"的发展道路,就是培斜村发展起来的经验。

05 永定区教学点

金砂乡政府提供

闽西红色培训现场教学点点评词

永定暴动陈列馆

一、教学主题

溪南土地改革——具有重大意义的创举。

二、教学目的

依托永定暴动陈列馆丰富、直观的历史资源,通过参观讲解,使学员了解永定暴动事件,特别是溪南区苏维埃政府成立及开展土地改革,在全国首创"以乡为单位,按人口平均分配,抽多补少"的分田政策的重大意义。提升学员对中国共产党领导的土地革命重要意义的认识,增强新时期党员干部为群众谋利益的自觉性和主动性。

三、教学实施

1. 教学导入。学员参观陈列馆,由讲解员讲解永定暴动事件。
2. 教师现场点评。

永定暴动陈列馆、张鼎丞纪念馆 (阙修全摄)

溪南土地改革——具有重大意义的创举

"耕者有其田"是中国农民 2000 多年来的梦想。历史上农民要求土地的革命绵延不绝。但是农民战争即使改变了朝代,也没能改变自身的命运。农民和土地问题一直是历代统治者所关注和重视的重要政务。近代以来,太平天国运动的领袖们提出和颁布了《天朝田亩制度》,规定"凡天下田,天下人同耕"的原则,但未能最终实现。以中国民主革命的先行者孙中山为代表的民主革命派,提出了"平均地权"的土地改革纲领和"耕者有其田"的口号,使农民从封建土地关系中获得解放,促进生产力的发展。但是,也没能最终实现。

真正解决中国这个"千年难题"的,是中国共产党。以中国劳苦大众翻身得解放作为己任的中国共产党,在党的二大就提出了反帝反封建的民主革命纲领,把废除封建剥削制度,实行土地制度的改革任务作为革命的主要内容。但是,如何找到一条正确的解决中国农民土地问题的途径,中国共产党经历了艰难的探索。闽西革命根据地对土地改革的成功探索,为中国共产党成功地解决农民的土地问题作出了重要的贡献。而永定溪南区的土地改革,是闽西土地改革的一次重要创举。

1927 年大革命失败后,在南昌起义的影响和党的"八七"会议精神的指引下,闽西地区党组织确定了"争取群众,武装暴动,土地革命斗争,建立苏维埃"的斗争方针。1928 年上半年,龙岩后田、平和、上杭蛟洋和永定等县农民举行了震撼八闽的"四大暴动",揭开了闽西土地革命斗争的序幕,开始创建工农红军和红色割据区域。但是龙岩后田、平和暴动未能制定没收与分配土地的具体政策,加

闽西红色培训现场教学点点评词

上敌我力量悬殊，暴动很快遭到敌人镇压，土地革命的计划未能实行。

　　土地是农民的命根子，是土地革命的中心问题。积累了经验教训的闽西党组织，在永定暴动后，开始土地改革的尝试。在邓子恢、张鼎丞的领导下，选择了群众情绪异常高涨的永定溪南区进行全面土地改革。这是闽西第一次分田，当时中央未发布过土地纲领，省委也没有指示，完全是摸着石头过河，要靠智慧，更要有胆略。由于田地分布面广，构成复杂，远、近、肥、瘦各不相同，有靠近水源的，也有旱田，农民本身持有田地和家庭人口有多有少，成分错综复杂。邓子恢、张鼎丞等坚持走群众路线，他们深入各乡村进行调查研究，虚心向贫雇农群众学习，先后在卓坑源土地庙、古木督等地召开了数十次有贫雇农和中农、富农代表参加的座谈会。正是在深入群众、调查研究的基础上，制定出了"以乡为单位，按原耕土地抽多补少，按人口平分土地"的分田原则。在不到一个月的时间内，溪南13个乡约2万人口的地区胜利完成了土地分配工作，最大限度地满足了农民的要求。永定溪南区的土地改革，在福建来说是史无前例的创举，在全国也是屈指可数的，其创新精神值得称颂。

　　后来的事实证明，溪南区土地改革中首创的"抽多补少"的原则和其他分配土地的政策，为闽西进一步开展土地革命提供了宝贵的经验。在以后一段时间内，尤其是1929年毛泽东、朱德率领红四军到达闽西开展更大规模的土地革命，闽西各县大体上参照了这些政策，并在实践中逐步完善，从"抽多补少"到"抽肥补瘦"的土地政策，不但推进了闽西土地革命的开展，而且成为摧毁封建土地制度、进行土地改革的锐利武器。在数量和质量上满足了贫雇农对于土地平均分配的要求，获得了农民群众的欢迎。农民土地问题的正确解决，极大地调动了他们支援革命战争、保卫和建设根据地的积极性。

溪南土改实践表明,只有坚持实事求是,解放思想,勇于创新,我们的事业才能向前发展。溪南区的分田斗争,虽然在较狭小的地区进行,但却是福建最早,也是除了海陆丰、井冈山地区外,全国较早、较为完整的一次分田运动。它创造性地提出以乡为单位、在原耕基础上"抽多补少""按人口平均分配"的原则,充分体现了以人为本的精神,既切合农村的实际,又简便易行。

溪南土地改革成功实践证明:群众路线是党的生命线和根本工作路线,不论是革命战争年代,还是进入中国特色社会主义新时代,都是党取得成功的重要法宝。

溪南土地改革成功实践启示我们,从人民利益出发,敢于担当,是共产党的优秀品质。中国共产党的事业,因为有无数的先辈们勇于担当的精神和行动,才有今天举世瞩目的成就。今天,迈步在实现中华民族伟大复兴中国梦的征程上,我们更要弘扬担当精神,以"敢于啃硬骨头"的精神积极推进各项事业。

张鼎丞纪念馆

一、教学主题

张鼎丞——一个模范的共产党员。

二、教学目的

依托张鼎丞纪念馆丰富、直观的历史资源,通过参观讲解,使学员了解张鼎丞作为闽西革命根据地的主要创建者、卓越的领导者,党和国家第一代领导人之一的光辉业绩,了解他坚持原则,保护人民利益,淡泊名利,严己宽人,心中总是装着人民的崇高品格。通过学习,增强党员争做"四讲四有"合格党员的自觉性和主动性。

三、教学实施

1. 教学导入。学员参观陈列馆,由讲解员讲解。
2. 教师现场点评。

张鼎丞旧居 (吴坤明摄)

张鼎丞——一个模范的共产党员

张鼎丞是闽西革命根据地的主要创建者和卓越的领导者。新中国成立后，他是首任中共福建省委书记兼省人民政府主席，也是《中华人民共和国宪法》颁布后首任最高人民检察院检察长，第四、五届全国人大常委会副委员长。半个多世纪的生涯中，从闽西暴动到中央苏区，从三年游击战争到转战大江南北，从延安宝塔山到解放大上海，从福建沿海前线到祖国的首都北京，他都在努力实践一个共产党员的诺言——永远做人民最好的勤务员。这是他在1946年，在华中地区第一次群众工作会议上作的报告，也是一个共产党员庄严的承诺。

一、他坚持原则，保护人民利益

张鼎丞常说，要像爱护眼睛一样，爱护人民和党的团结。因此，在处理人的问题上，他既坚持原则，严惩少数罪大恶极的犯罪分子，又特别注意最大化地保护人民的利益，尽量少伤害或不伤害自己的同志。

在他的一生中，无论是在苏区、在三年游击战争、在华东，还是在延安整风中，凡是涉及对人的处理时，他都坚持调查研究、实事求是的原则，绝不急于轻易做出结论。这样，就可以保证爱护人民和不伤害同志。

1942年延安整风期间，张鼎丞被调到中央党校二部当主任。在彭真的支持下，他和副主任安子文、孙志远等坚持实事求是的原则。党校二部卓有成效地开展了整风运动，没有伤害一个干部，使广大干部真正受到了一次深刻的马克思主义教育。毛泽东在党的七大上多次赞扬了中央党校二部的整风，表扬张鼎丞是模范共产党员。

他加入共产党几十年,担任党的高级领导干部也几十年,期间担任最高人民检察院最高检察长达 15 年之久,他自己也曾受过多次打击,受过委屈,但是从没有听过一个人说,经张鼎丞手处理过的人和事,是冤案。他真正做到"既肃清了敌人,又巩固了自己"。

二、他淡泊名利,决不向党伸手要官要位

张鼎丞的秘书、司法部原副部长鲁坚曾回忆说,张老经常讲:"共产党人从参加党组织的那一天起,就把自己的一切,包括生命都献给了党。几十年来,同我一起战斗的同志很多都牺牲了,我是革命征途中的幸存者。我们没有任何理由向党伸手要名要利。"

他是这样说的,也是这样做的。红军长征后他留在闽西,临危受命担任了闽西南军政委员会主席,领导和坚持了艰苦卓绝的闽西三年游击战争。他考虑的不是自己的安危和名利,而是自己能否最好地完成党交给的工作。

党的七大后,为了适应抗战胜利后的新局面,中央决定在苏皖地区建立华中军区。在讨论上报华中军区司令员人选的会议上,张鼎丞提议任命粟裕担任司令员,自己担任副司令员。中央批准了华中分局的意见,任命粟裕为司令员。而粟裕则电请中央任命由张鼎丞担任这一职务,自己副之。最后中央还是决定张鼎丞任司令员。

1954 年,中央调张鼎丞进京主持中央组织部的工作,担任代部长。这期间,中央曾提议由张鼎丞担任部长,但他考虑到由政治局的同志兼任这一职务更有利于工作,因此建议邓小平同志兼任中组部部长,自己担任副部长,做具体工作。1964 年,66 岁的张鼎丞说:"我年纪大了,这是不可抗拒的自然规律,不宜继续担任检察长这一职务了。"因此,他两次找到当时的中组部部长安子文,请求让年富

力强的同志担此重任。但后来还是选他为检察长。党的十一届三中全会后,他坚决拥护关于废除领导干部终身制的决定,并身体力行。在五届全国人大三次会议期间,他主动请求辞去全国人大常委会副委员长职务。

三、他严己宽人,心中总是装着人民

新中国成立后,张鼎丞虽然担任党的高级干部,但始终保持共产党人艰苦朴素的本色。他常常教育身边的工作人员:"工作上追求高标准是高尚的,生活上追求高标准是庸俗的、低级的。"从新中国成立到他逝世,张鼎丞家里没有购置过什么像样的东西,他没有穿过特别好的衣服,唯一拿得出手的是一件藏青色呢大衣,专门在接待外宾时穿,平时舍不得穿。平常身上的衣服总是打满补丁,有一件衬衣补得实在不像样子了,警卫员偷偷找到一个老朋友,跟他商量把张鼎丞的破衬衣与他的好衬衣调换。张鼎丞发现后,严肃地对警卫员下命令:"务必要把旧衬衣换回来。"

20世纪60年代,他患高血压、心脏病等多种疾病。按张鼎丞的情况,本来可以向公家领取一个血压计,但他却给组织上写报告,经批准从外贸部按原价自费购买了一个日本生产的血压计。他办公用的桌子、椅子、沙发,几十年未换过。沙发破得露出了棉花,他嘱咐家里人补补再用。20世纪70年代末,张鼎丞瘫痪了,趁他还有语言表达能力,秘书向他夫人建议,是否买台录音机,张老有什么吩咐、叮嘱可以录起来,他要回忆过去的战斗岁月,也便于记录,保存第一手史料。但是,这样一个担任过重要职务的人,家里竟然找不出买录音机的钱。最后靠几个儿女凑钱,才买了一台录音机,可是这时他已经不能说话了。

闽西红色培训现场教学点点评词

在物质生活方面，张鼎丞对自己、对家人严格到近乎"苛刻"的地步，对其他同志却非常大方，从不吝惜钱财。把跟随自己出生入死的战士、身边的工作人员看得像亲人。1935年，担任闽西南军政委员会主席的张鼎丞率领红军游击队在闽西一带艰苦战斗，他处处以身作则，从不搞特殊化。当时，张鼎丞的身子相当瘦弱，严重营养不良。有一次，陈茂辉等干部在河里抓了两条鱼，当陈茂辉把烤熟的鱼端到张鼎丞的桌边，张鼎丞问："我一个人独食吗？这怎么行呢？其他战士怎么办？"说着，张鼎丞端着鱼来到战士中间，数了数人数，把鱼一块块掰碎，亲自分发到战士们手里。

在他的心中，老百姓是在最高的位置。有一次，张鼎丞经过湖雷镇增瑞坑，听说村里有一位老太太病了很久，没钱医治，便掏出自己节衣缩食省下的一块银元，放到老太太手里，吩咐她好好治病。老太太后来逢人就说："鼎丞比我们的亲兄弟还亲，他是我的救命恩人。"1937年的某一天，张鼎丞从龙岩来到南靖县科岭下斜村。村民们一拥而上，帮着拿背包，提网兜。"张主席，您的网兜好沉啊！里头装的是什么？"张鼎丞诙谐地说道："你打开看看，我是给你们送'东风'来了。"大家七手八脚打开纸包一看，竟是一堆长短不一的铁钉。原来，张鼎丞担心科岭人民盖房缺铁钉。

他家风严格，绝不利用手中的权力谋私利。他经常对孩子们说："你们生长在高干家庭，没有任何理由比别人特殊。要是说有特殊，就是政治思想上应该要求自己更严格，在各方面都起模范带头作用。"他教育他们靠自己的双手创造前途，在任何地方都不能搞特殊化。

20世纪70年代，张鼎丞的女儿女婿（张延忠和王兴夫妇）在江西工作。张延忠的婆婆（即王若飞的夫人）李培之由于受"四人帮"

的迫害，被关进监狱好几年，身心受到极大戕害，身体非常虚弱，需要有人在身边照顾。可是唯一的儿子王兴竟在江西工作。1974年，张延忠和王兴准备向组织申请调回北京工作，方便照顾母亲。张延忠觉得，孝敬父母是天理人伦，是子女最基本的义务，自己的调动申请名正言顺、合情合理。已经76岁高龄的张鼎丞得悉女儿女婿申请调回北京工作的消息后，对女儿女婿循循善诱，耐心劝导，希望他们不要向组织提出回北京的要求。他说："好儿女要志在四方。你们作为我张鼎丞的亲属，要以身作则。"

严格的家教，使子女们从不以自己父亲的身份来炫耀自己，从不主动亮明自己显赫的家庭背景。张鼎丞的大女儿张招娣，是张鼎丞和前妻赖月华所生。赖月华为革命牺牲后，张招娣由群众抚养长大，新中国成立后才回到他身边。张鼎丞送她上了小学后，鼓励她到北大荒支边。后来她为照顾养母回到福建，在省机械科学研究院机关食堂当炊事员，一直干到退休。她的同事、上级、街坊邻居都不知道她是张鼎丞的女儿。张鼎丞的两个儿子大学毕业后一直在外地远洋运输公司工作，长年累月航行在浩瀚的大海上，难得回家团聚。张鼎丞逝世前两年，已经不能走路了，在家养病，却从不让儿女们请假陪伴他。他病重时，有个儿子从外地赶回来看望他。他清醒过来后，非常生气，板起脸孔让儿子马上回去。他说："你不是医生，有病医生会替我看，组织上会照顾我，你回去好好工作就行了！"

他虽然身居高位，担任了许多要职，但一生清正廉洁，生前两袖清风，身后没有留下一片瓦。他家乡的房子于1928年永定农民武装暴动时被国民党军队烧为废墟。新中国成立后，乡亲们多次要求他重建，他都没有同意。1964年，永定暴动纪念馆的负责同志写信给在厦门工作的张鼎丞的侄儿张定安，告知准备重建张鼎丞的房子作为纪念室。张定安将原信转给张鼎丞。张鼎丞写了一封回信给张定安，信中说："我过去在金砂住的房子，根本不应该考虑重建。过去就有人提过这个问题，我一直表示不同意。在旧社会里，做了官，就要在家乡买田置产，大兴土木，筑楼建房，修祠堂立碑石，所谓荣宗耀祖。我们搞革命的，绝不能这样做。一个革命者应当全心全意为大多数人服务，绝不可为少数人服务，更不可为自己服务。"家乡人民遵从张鼎丞的意见，至今没有重建他的故居。张鼎丞生前两袖清风，身后没有留下一片瓦。

这就是张鼎丞，一个纯粹的共产党人。他没有留给后代任何财产，但他留下了后人继续奋斗的革命事业，留下了党员领导干部高风亮节的品行，留下了一个真正的人民勤务员的崇高形象。为人民服务，是党的宗旨，但它不是说在嘴上的豪言壮语，而是体现在共产党员干事创业的行动中；它是内化于共产党员的心灵深处的理念；它是共产党员一辈子的自觉行动。张鼎丞用他的行动响亮地回答了怎样做一个模范的共产党员。

永定客家家训馆

一、教学主题

学习客家家训，践行社会主义核心价值观。

二、教学目的

依托家训馆丰富的历史文化资源，帮助学员了解客家家训多样的表现形态，丰富的思想内涵，以及客家人训以治家，"八德"育人的家庭（家族）伦理教化要求，特别是以"孝悌仁爱、勤俭耕读、忠信爱国、礼义廉耻"为主要内容的客家家训精神内核。通过学习，帮助学员深化对客家家训文化与中华优秀传统文化关系的认识，增强践行社会主义核心价值观的自觉性。

三、教学实施

1. 教学导入。学员参观客家家训馆，由讲解员讲解。
2. 教师现场点评。

客家家训馆 （赖永刚摄）

训以治家"八德"育人

客家家训馆于 2014 年 6 月开馆。2015 年 9 月 25 日,原中央政治局常委、中央纪委书记王岐山在视察客家家训馆时说,"客家家训体现真善美,没有一点假大空。"

永定是客家县,人口 48 万,是客家人重要的聚居地。永定作为全国著名的侨乡和台胞祖籍地,有港澳台胞和海外侨胞 50 多万人。20 世纪前后的一百多年间,居住在海内外的永定儿女,涌现出许许多多卓有成就的人物。他们使仁爱、耕读、进取、报国的客家精神进一步得到弘扬。

文化是特定群体的共同生活方式,是人类适应自然环境和社会环境的产物。永定土楼里住的是一个大家族,聚族而居的共同生活形态表现得十分突出。一个家族对于祖宗的崇敬,成为团结家族、凝聚人心的一种道德规范。永定客家人十分敬重祖宗,每个姓氏都有族谱,昭穆世系,记录祖宗的嘉言懿行,一代一代留传下来,成为教育后人的祖训家规,教人向真、向善、向美。

常言道,无规矩不成方圆。客家人为了教育族人,把祖训家规记载在族谱上,雕刻在楼门、中厅楹柱上,题写在宗祠的墙壁上,成为客家人立身处世、创业持家的座右铭。

习近平总书记注重家庭家教家风,强调好家风应世代相传。客家祖训家规体现了中华优秀文化,展现了客家传统美德和优良家风。创建"客家家训馆"旨在让更多人从中得到启示。

客家家训馆是从永定 100 多个姓氏中选取 32 个姓氏的祖训家规,各有侧重地节选部分内容集中展示,这些祖训家规包含了儒家思想有关的"孝悌、忠信、礼仪、廉耻"等方面的内容。

客家文化的源头是中华文化，中华文化的核心是儒家"仁、义、礼、智、信"。客家人把这些观念融入了祖训家规之中，突出"孝悌、忠信、礼义、廉耻"，主要包含四个方面内容。

一、孝悌仁爱

客家人重视人伦关系，客家祖训家规训诫后人要注重道德修养，把"孝悌仁爱"视为立身处世之要。孝，即孝顺，要善事父母；悌，即敬爱兄长。仁爱，既要爱亲人，也包括朋友之间的友爱，要懂得爱护人、关心人、尊重人。这是兴家旺业的基础。家训馆展出了大量有关孝悌仁爱的家训。如李氏家训"不睦宗亲是不敬祖宗，不敬祖宗则近于禽兽"，再如吴氏祖训"孝顺父母，尊敬长辈，友爱兄弟，和睦同族，尊敬祖宗，弘扬祖德"。这些家规家训教育子孙后代，做人要从懂孝悌开始，互相关心，互相爱护，互相帮助。

二、勤俭耕读

耕读传家、开拓进取，是客家人经世创业的方法手段，体现务实精进的人生道路。如家训馆中杨氏家训："日出而作，日入而息。凿井而饮，耕田而食。量其所入，度其所出。"黄氏家规："为士者敦诗书崇礼让。"赵氏祖训："勤俭乃居家之本。"林氏家训："端正勤俭，是居身良法；仁恕正直，是居家良法；恭宽容忍，是居乡良法；廉洁奉公，是居官良法。"罗氏家训："教子有方，使明礼智。以奋读书，力求上进。"这些家训都体现了积极进取的人生态度。土楼里的人都遵循祖先的教诲：勤奋读书，修行品德，勤俭廉洁，热爱国家。在祖训家规的教育熏陶之下，永定客家人才辈出，涌现出众多政界、商界和学界精英。

三、忠信爱国

"仁"是儒家思想的核心，孝悌是"仁"的根本。儒家的仁义观从最基本的家庭关系入手，再由家庭人伦关系扩展到社会政治生活，创造出一整套正心诚意、修身齐家、治国平天下的理论。这种由家而国的思维方式、由孝而忠的文化建构，使客家人无论走到天涯海角都会心系家国。客家人崇文重教，仁义观念深入人心。孝是忠的基础，忠是孝的延伸。如王氏家训放在第一位的是"先国家"。张氏家训强调："急公守法，完粮息讼。"刘氏家训："在朝爱国忠君，在家爱亲敬长。"陈氏祖训："仕于朝也，为忠为良。"孙氏家训："能行忠与孝。"这些家训都是教育后人必须爱国忠诚。"东南亚锡矿大王"胡子春、"万金油大王"胡文虎、"报业女王"胡仙等等。他们强烈的爱国、爱乡情怀，都是源于对客家祖训家规的弘扬和对"孝悌忠信"的笃行。

四、礼义廉耻

礼义廉耻是治国的大纲，它关系着国家的存亡。礼义是治理之法，廉耻为立身之节。懂礼义廉耻，则能走正道。陈氏祖训："礼义廉耻，四维毕张，处于家也，可表可坊，仕于朝也，为忠为良。"苏姓家规："举动必端，处事必公，为官必廉，事君必忠。"孙氏家训："能行忠与孝，福禄万年深，恭宽信敏惠，廉洁谦让温，品节宜祥明，德行须坚贞。"这些家训教育族人要循礼、行义、立廉、知耻。客家人的祖训家规，各个姓氏虽有差异，但都有一个共同之处，那就是教育子孙后代做人、做事要遵循"孝悌忠信礼义廉耻"。这些代代沿袭的祖训家规，成为客家人奋斗不息的理想追求和精神动力，体现着人生的价值所在。

祖训家规世代相传，是中华优秀文化的重要内容。它从细微处入手，教育族人该怎样做人，怎样做事，没有讲大道理，却从点点滴滴中激发起客家人的家国情怀。总而言之，客家家训包含了中华优秀传统文化中的积极价值观，遵循祖训家规，对践行社会主义核心价值体系仍是鲜活、丰厚的文化资源。

客家土楼

一、教学主题

客家土楼楹联丰富的文化内涵。

二、教学目的

通过参观永定客家土楼，特别是楼中各式各样的楹联，使学员在了解客家土楼独特的建筑风格的基础上，进一步感受客家人的家国情怀，深刻理解客家土楼是"大家庭、小社会和谐相处的典范"的深刻内涵。

三、教学实施

1. 教学导入。学员参观客家土楼，了解楹联内容，由讲解员讲解。
2. 教师现场点评。

客家土楼中的楹联 （赖永刚摄）

客家土楼的楹联文化

2008年7月,福建土楼以其独特的建筑风格和丰富的文化内涵被联合国世界遗产委员会列入《世界文化遗产名录》。2010年春节期间,时任中共中央总书记胡锦涛考察福建时参观了永定客家土楼。他称赞客家土楼是"中华文化瑰宝,是大家庭、小社会和谐相处的典范"。永定土楼是福建土楼的主体。它所展现的浓郁客家文化,令人痴迷陶醉。而永定土楼中别具一格、意蕴深刻的楹联,是人们了解客家文化的精彩窗口,也是客家人家国情怀的有力展示。

永定每一座土楼都有楹联。几乎所有土楼都有嵌入楼名的专用联,有的一座土楼嵌名对联就有好几副。楹联内容十分丰富。有抒发壮志豪情的,如"振纲立纪,成德达材";有表达美好愿望的,如"福海人添寿,兴家世炽昌";有缅怀赞美祖先的,如"大家子弟同王谢,旧族衣冠近鲁邹";有描绘优美环境的,如"笔岫屏山喜见文光万象,檬潭瀰柳欣看浪级千层"。大量的对联蕴含为人处世的哲理,教人向真、向善、向美。如"承前祖德勤和俭,启后孙谋读与耕""几百年人家无非积善,第一等好事还是读书",等等。这些对联十分明确地表达了永定客家人的文化理念。

永定客家人崇文重教,许多楹联就是楼主自己的作品。有人为追求名气和高雅,重金请名人撰写,有不少楹联出自名家手笔。许多楹联被镌刻(或塑、或写)在门框、柱子、木板(或墙壁)上,形成一种别致的文化景观,焕发着中华优秀文化的熠熠光彩。永定客家楹联写景抒情则妙语如珠,阐发议论,则发人深省,它们能启迪智慧,陶冶情操。楹联内涵深刻,意境高雅的书法精妙的楹联,让人受到艺术熏陶,成为一种精神享受。

闽西红色培训现场教学点点评词

　　永定土楼楹联中，展示永定客家人家国情怀的楹联俯拾皆是。我们以振成楼的对联为例来讲述。

　　先说振成楼内环门上一副对联——"干国家事，读圣贤书"。这是明代著名清官海瑞所撰写的。

　　海瑞是明朝嘉靖年间的著名忠直能臣。他与权奸作英勇机智斗争的故事，通过《大红袍》《小红袍》等小说，在民间有广泛而深远影响，获得了广大人民的崇仰。联语内容很能代表旧时正直知识分子的一般志趣。他们的崇高理想，就是"治国平天下""致君尧舜上"（辅佐国君，使他们像尧舜一样圣明，国家也就大治了）。所谓"干国家事"，不外乎干这些事。而这理想和实现理想的方略都来自儒家经典，亦即孔子孟子等圣贤的言论著述。所以，必须"读圣贤书"。联语用词浅白，却高度简练又十分准确地揭示了旧时代社会精英——"士"的人生事业的追求境界，可以作为他们毕生修身立业的座右铭。意义如此重大庄严，语气又严肃简洁有力，自然形成正大凝重风格，很适合作中厅大门联。

　　清末举人林绍连为外大门撰书的对联——"振纲立纪，成德达材"，其精神与海瑞联可谓密切呼应。

　　纲纪，是国家的治理纲领和法度法规，社会秩序的准则。严正纲纪，贯彻施行，乃治国根本，是最主要的"国家事"。诚如《北史·贺源传》所说："为政者贵当举纲。"那么"振纲立纪"，不就是"干国家事"吗？整句意为：务必使自己养成高尚品德，并把自己培养成明达事理富有能力的人才。这是实现"振纲立纪"远大抱负的必备条件，而要具备这个条件，不"读圣贤书"行吗？所以说，这副对联讲的实质上跟海瑞联并无二致，不过用了个典雅包装。海瑞乃实干家，用大白话实话实说，正合他的本色；林绍连文质彬彬，一个正统士人，自然典雅端庄。而作为大圆寨大门联则典雅端庄一些。

以上两副楹联是振成楼引用明清时人的对联。

下面，谈谈林逊之的自撰联。

林逊之为他的振成楼及其附属建筑醒庐、超庐等共撰写20多副楹联。正是这些作者认为"尤不值通人一粲"的楹联，却由于跟他的许多诗画一样，充分运用了"自我表现"的方式，托联述志，抒发深藏在内心的情感，成为他自己心路历程的写真而更加深切感人，具有相当高的美学价值。大家看到的这副长联——"振作那有闲时？少时壮时老年时，时时须努力；成名原非易事，家事国事天下事，事事要关心。"显然，林逊之善于化用前人联语，"古为今用"，而且手法娴熟，不露斧痕。此联即化用明末顾宪成之作。明末万历、天启年间，宦官专权，政治腐败，"东、西厂"特务横行，官场廉耻丧尽，整个国家处于黑暗危急之中。顾宪成、高攀龙等士林精英，奋起抗争，在江苏无锡的东林书院讲学，尖锐抨击朝政，反对腐败专横的阉党，被称为"东林党"。顾宪成是东林党首领。他曾在东林书院大门上书写了一副脍炙人口、流传很广的励志联："风声雨声读书声，声声入耳；家事国事天下事，事事关心。"

传统社会，正在求学的读书人，常常被耳提面命："两耳不闻窗外事，一心只读圣贤书。"他们读书的目的，只为了猎取功名，所谓"学成文武艺，货与帝王家"，以换得个人和家庭的荣华富贵。因此，在读书阶段，只要专心致志，把书读好，为顺利通过科举考试然后出仕当官铺平道路，其余一切不管。书房之内，能够和应当入耳的，只有书声；窗外的，无论自然界的风声雨声，还是社会国家的"风声""雨声"，即自然和社会的一切矛盾、变动、斗争，都无须入耳不必与闻。顾宪成出于与阉党及一切腐败黑暗势力作政治斗争的需要，则必须教育青年学子"以天下、国家为己任"，所以极力反对读死书，要把"风声""雨声"引进书房，让学子们在"入耳"书声的同时，也"入耳""风声""雨声"，于是有联语上句描绘的那番书院景象。下句，则直接把蕴含于上句形象描绘中的意思表达出来：学子们啊，读书是为了"治国平天下"，所以，"家事、国事、天下事"都应关心。当然，重点是"国事天下事"，但按儒家政治伦理，要从"正身、修身、齐家"做起，家齐而后国治而后天下可平，所以此处所提"家事"，是瞄准国事天下事这个重点的，也含有提醒学子们不要只顾谋自己一家之福，而更要谋国家和天下人之福的意思。

以上，我们探析了振成楼的主要楹联，不论是引用古人的联句，还是林逊之自己撰写的对联，大致可以窥探林逊之心路历程。可以看出，早年林逊之主要是接受儒家传统思想的熏陶。这种观念在永定客家人心中是根深蒂固的。有此家国情怀的何止是林逊之？著名爱国侨领胡文虎有"忠于国家为先，爱国观念不敢后人"之名言，胡子春有捐巨款为建设中国水师之行动。那些为官清廉、为国尽忠的士子、平民，薪火相传，后继有人。

总之，优美的楹联，跟优美的诗词文章一样，都是中华民族文化的宝贵财富。振成楼楹联是一处突出胜景。一代又一代的土楼客家人在这样的人文环境中熏陶成长。由此，我们可以从中领悟到客家人家国情怀的由来。

06　上杭县教学点

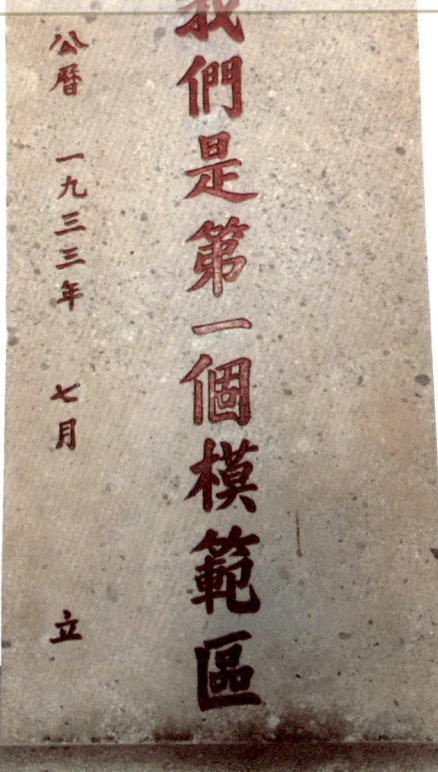

谢耀南摄

闽西红色培训现场教学点点评词

毛泽东才溪乡调查纪念馆

一、教学主题

学习和弘扬才溪人民的革命精神。

二、教学目的

紧紧结合教学主题,依托才溪乡调查纪念馆丰富的历史资源,帮助学员进一步了解毛泽东才溪乡调查的历史背景及意义,体会才溪光荣的革命历史,提升对"人民群众是历史创造者",是"真正的'铜墙铁壁'"的著名论断内涵的深刻认识,进而更好地坚持调查研究,改进工作作风,密切党群关系。

三、教学实施

1. 教学导入。学员参观纪念馆,由讲解员讲解。
2. 教师现场点评。

毛泽东才溪乡调查纪念馆 (林俊摄)

苏区第一模范——才溪乡

才溪是著名的革命老区,在毛泽东主席的笔下留过浓重的墨迹——苏区第一模范。它犹如一面猎猎作响的鲜红旗帜,用自己的模范行为站立成中央苏区的标杆。80多年过去了,这段光荣历史还深深地影响着广大干部群众。在土地革命战争时期,仅1.6万人口的才溪,80%的青壮年男子告别亲人,参加革命,展现出"三千男儿当红军"的壮丽场面,从此有了"红军之乡"的美名;这三千壮士大多经历了土地革命、抗日战争和解放战争,有的还参加过抗美援朝。他们南征北战,在革命烈火的洗礼中,涌现出一批党和军队的高级将领,其中共有20位共和国开国将军,20位部、师级干部,因此有"九军十八师"之称,成为福建省之最,被誉为"将军之乡";在光辉历史的背后,是一大批勇敢的才溪儿女为了革命事业,为求民主、自由,为求新中国的解放,前仆后继,抛头颅、洒热血,牺牲在战场上。在才溪3000多名参军参战和参加支前的优秀儿女中,壮烈牺牲的干部、战士、群众2000多人,其中被评为烈士的962人,被平反昭雪的(因"肃社党"冤案被错杀的)革命先烈281人。他们之中年龄最大的55岁,年龄最小的仅9岁。有一门二烈士60户、一门三烈士5户、夫妻烈士2户、父子烈士4户、兄弟烈士58户。按总人口计算,平均每15个才溪儿女中就有一位革命烈士。于是才溪又有了一个光荣而沉重的名字"烈士之乡"。在纪念馆正对面那座山的山顶上就是才溪革命烈士纪念碑,在青山翠柏中长眠着为革命英勇牺牲的才溪儿女。

"干革命走在前头,搞生产力争上游。"才溪的青壮年男子上前线去了,后方的扩红支前、拥军优属、政权建设、经济建设、文化

闽西红色培训现场教学点点评词

教育等等工作任务，都靠妇女们去完成，而且各项工作完成得十分出色，成为中央苏区扩红支前的模范、选举运动的模范、政权建设的模范、经济建设的模范、文化教育的模范。才溪因此被授予"中央苏区第一模范区"和"福建省第一模范区"光荣称号。才溪妇女身上所展现出的勤劳聪慧、勇敢坚毅、无私奉献堪称是客家妇女、苏区妇女的典范，受到中央苏维埃政府的高度赞扬。1933年5月14日《红色中华》赞扬才溪妇女说："上杭才溪区，是最有特色的模范区……尤其更令人钦佩与称赞的是全区生产劳动工作，百分之八十以上，是妇女作的，而全区会耕田、耙地的妇女同志占百分之五十以上，才溪妇女真是一只（支）有力的劳动军。"

才溪人民的光荣业绩吸引了毛泽东同志。1930—1933年，他跋山涉水，三次亲临才溪指导革命实践，开展了多次调查研究，写下了彪炳史册的光辉著作《才溪乡调查》。文章运用马克思主义的立场、观点和方法，以铁的事实驳斥了王明"左"倾教条主义者脱离实际，对根据地建设猜测的种种谬论，以才溪乡的模范事迹为全苏区提供了坚持农村革命根据地建设的突出榜样，解决了"在国内革命战争环境下根据地建设不仅是必要而且是可能"的重要问题，从而坚定了走农村包围城市、武装夺取政权的革命道路。才溪乡调查是以毛泽东同志为代表的中国共产党人树立实事求是的思想路线和坚持从群众中来到群众中去的工作路线、工作方法和工作作风的光辉典范。在毛泽东的倡导下，才溪的苏区干部深入群众、依靠群众、发动群众、服务群众，塑造出苏区干部好形象。

80多年来，才溪人弘扬革命传统，坚守模范之乡的旗帜，在不同时期谱写着模范才溪的新乐章。当历史的车轮滚滚向前，中华大地吹起改革开放的春风，敏锐的人们率先接收着来自南方的喜讯，才溪人的热血再次沸腾了。许许多多的青壮年拿起榔头、斧头奔赴深圳特区。当由才溪建筑工人参与建设的"世界之窗""锦绣中华"等建筑成为中国亮相世界的象征时，人们看到了才溪人坚守的信仰、奋进的步伐。如今，才溪全镇共有8800多人从事建筑业，占青壮年男子的60%以上，成为才溪人民致富奔小康的支柱产业。在与特区共同成长的40多年里，素有"三千榔头八百斧"传统的才溪镇又被冠以"建筑之乡"的美名。

"青山凝碧曾是血，绿水流辉应为魂"。才溪以热血、信仰和奉献在历史的画卷中描绘下了波澜壮阔的恢宏篇章；以传承、开拓和忠诚在时代的舞台上演奏出气势雄浑的宏大乐章！才溪人把继承和发扬敢闯敢拼、艰苦奋斗的革命老区精神作为历史责任，并演绎成独树一帜的才溪精神。无论是在战火纷飞的革命年代，还是在激情燃烧的建设年代，"听党的话，不怕牺牲，艰苦奋斗，敢创第一"的精神一直激励着才溪人民奋勇前进，全国各地的人们到这里都能领略红色才溪、将军故里、建筑之乡的风采！

在这片充满革命和建设激情的土地上，关注的目光从来没有停止。新时期以来，习近平等党和国家领导人先后视察才溪。萧克上将亲自为毛泽东才溪乡调查纪念馆题写馆名。80多年过去了，才溪已成万人瞻仰的革命圣地，毛泽东主席在这里写下的光辉篇章，也已载入光荣的史册。才溪人民的革命精神，毛泽东才溪乡调查的精神，也成为教育广大干部的宝贵精神财富。早在1970年，在北京举行的"五一"纪念晚会上，周恩来总理对中联部的负责人说："今后外国兄弟党代表团和个人来华参观，特别是一些尚在革命时期还未执政的党，多请他们到上杭古田、才溪看看我们当年在艰苦的环境下是怎样闹革命的。"才溪人民的革命精神，深刻地启示我们：人心向背关系党的生死存亡。党只有始终与人民心连心、同呼吸、共命运，始终依靠人民推动历史前进，才能做到坚如磐石。

闽西红色培训现场教学点点评词

才溪乡调查旧址

一、教学主题

坚持党的群众路线的优良传统和作风。

二、教学目的

依托毛泽东才溪乡调查旧址,帮助学员深入了解毛泽东坚持走群众路线,深入实际开展才溪乡调查的历史,使学员更深刻地感悟到:只有依靠群众,坚持群众路线,密切党群关系,决胜全面建成小康社会,建设富强民主文明和谐美丽的社会主义现代化强国的事业才能取得成功。

三、教学实施

1. 教学导入。学员参观旧址,由讲解员讲解。
2. 教师现场点评。

毛泽东才溪乡调查旧址 (谢耀南摄)

坚持群众路线这条生命线

这里是毛泽东才溪乡调查旧址，诞生了光辉篇章——《才溪乡调查》。毛泽东同志以马克思主义的科学态度，实事求是的优良作风，深入群众调查研究，用模范实践为中国共产党树立起了群众路线的伟大旗帜。

1933年11月下旬，中央苏区革命根据地正面临国民党军队第五次围剿的严峻形势；党内"左"倾教条主义弥漫；一些地方党的干部只懂得发布上级指示和决议，存在官僚主义、强迫命令之风，导致群众不满；根据地出现了"革命战争下经济建设是不可能的，苏区群众生活没有改良，群众不愿意当红军，当红军就没人搞生产"等影响根据地建设的种种论调。为了驳斥这些谬论，坚定农村包围城市的革命道路，并总结推广根据地建设的先进典型经验，建设巩固的苏维埃，支持革命战争，时任中华苏维埃共和国临时中央政府主席的毛泽东，来到才溪进行社会调查。

带着高度的革命事业责任感，在才溪区苏维埃政府，毛泽东主席召开了区乡干部座谈会，在听取区乡干部对才溪根据地建设情况汇报的同时，围绕自己精心拟就的调查大纲和细目详细询问，并不时和干部们展开讨论。在列宁堂，毛泽东分别组织召开各种类型人员的调查会。会上，他一边虚心求教，认真倾听，一边仔细地做着记录，还不时起身给与会人员倒水、递烟。这让与会的群众感到过意不去，他却笑着说："我请你们来，你们就是我的先生，学生对先生理应谦恭嘛。"主席谦和亲切的话让人感动和兴奋，与会群众很快摆脱拘谨，敞开心扉，畅所欲言，调查会气氛活跃而热烈。

毛泽东主席深知：要掌握第一手资料，要取得最真实可靠的结

闽西红色培训现场教学点点评词

论,光靠调查会是不够的,还必须深入到群众家中,和群众交朋友。他用大量的时间和精力走村串户,深入田间地头和农民朋友一起劳动。他深入到群众家中,与他们促膝谈心;到烈军属家里嘘寒问暖。调查中,毛泽东主席广泛、深入、仔细地了解才溪民众的生产生活、优待红军家属、组织兴办消费合作社、妇女开展劳动竞赛等方方面面的情况。

在烈士林俊的家中,他看到了区苏维埃挂的光荣匾、发的红军家属优待证,详细地了解了凭优待证可以享受的各种好处。林俊的家属告诉他:"平时党团员会来做'礼拜六',逢年过节政府前来慰问,连柴米油盐都想到了。"他微笑着对才溪的乡苏干部说:"你们的工作做得很周到呀!"

在雇农王绳器的家中,毛泽东了解到王绳器家的房屋不幸倒塌后,是乡苏主席号召干部群众献工献料,很快就帮王绳器家盖起了新房,王绳器感动之余,第二天就将自己的一个儿子送去当红军。他情不自禁点头称赞:"只有日益密切了苏维埃干部与民众的关系,才能很好地开展苏维埃的各项工作。"

科学的调查方法使调查者不仅全面掌握了第一手典型材料,而且分析探究出了才溪乡成为中央苏区模范乡的根本原因,为苏区根据地建设提供了学习的范本。同时,用翔实的资料和数据驳斥脱离群众的主观主义的猜测:"这一铁的事实,给了我们一个有力的武器,去粉碎一切机会主义者的瞎说,如像说国内战争中经济建设是不可能的,如像说苏区群众生活没有改良,如像说群众不愿意当红军,或者说扩大红军便没有人生产了。"没有调查就没有发言权。才溪乡调查推动了农村革命根据地建设,坚定地捍卫了农村包围城市的中国革命正确道路。

中国共产党是马克思主义政党，视人民群众为根基和血脉，视群众路线为党的生命线和根本工作路线。调查研究是党的优良作风，是坚持群众路线最基本的工作方法，是关系党和人民事业得失成败的大问题。毛泽东才溪乡调查，不仅是一次群众路线的带头倡导和模范实践，更是用群众路线的理论光芒照亮了中国革命的道路，用群众路线的旗帜引领中国共产党的事业不断从胜利走向胜利。

站在毛泽东才溪乡调查旧址旁，重温那段革命历史，我们能够清醒地认识到：要坚持立党为公，执政为民，始终保持党同人民群众的血肉联系，就必须以人民为中心，坚持党的群众路线，深入群众调查研究，虚心地向群众学习，拜群众为师，从群众的实践中汲取营养、增长智慧；就必须想群众之所想，急群众之所急，谋群众之所需，从人民最关心最直接最现实的利益问题入手，实实在在地为群众解难事、办好事，把党的宗旨真正落实到各项工作中，把党的群众路线贯彻到治国理政全部活动和全部过程之中。

闽西红色培训现场教学点点评词

发坑村

一、教学主题

从衰坑到发坑。

二、教学目的

依托发坑村美丽乡村的景观,通过对发坑村革命历史的讲解,及对新中国成立前后该村历史变化的比较,引导学员进一步理解才溪人民的革命精神,深刻体会中国共产党从人民的利益出发,紧紧依靠人民完成新民主主义革命和建设新中国的光辉业绩,从而在新时代更加坚定理想信念,解放思想,开拓进取,勇于担当起实现国家富强、人民幸福的历史责任。

三、教学实施

1. 教学导入。学员参观发坑村美丽乡村的景观,由讲解员讲解。
2. 教师现场点评。

发坑村 (邱泉斌摄)

从衰坑到发坑

发坑村是才溪镇下才村的一个自然村。该村村名从"银坑"到"衰坑"再到"发坑"的变化深刻地回答了这样一个问题:中国农民为什么跟着共产党干革命?这个名不见经传的偏僻小山村,不知什么时候,因村民大部分都藏有银元而被称为"银坑"。然而,在土地革命前,该村村民的生活却极其悲惨。地主豪绅占有80%的土地,广大村民一年到头辛辛苦苦收获的劳动成果,在交租后所剩无几。粮食不够吃,只好忍受高利贷的残酷剥削。许多人卖了自己仅有的一点田地和房屋,甚至卖儿卖女都无法生存,只好背井离乡,流浪异地。全村70户人中,30户被迫外流乞讨。有一首歌谣这么描述村民生活:"穿件衣裳补千重,三餐吃的米糠饭,夜晚无被钻秆窿。"外村人认为银坑村这样贫穷悲惨是因为村运衰落所致,因此银坑村改名叫"衰坑"村。

中国共产党带领人民干革命,就是要改变这种不合理的制度,让人民过上好日子。"打土豪、分田地"成为号召农民最响亮的口号。"衰坑"村人在共产党的宣传下,终于明白了村民生活的衰落不是"村运"所致,而是剥削压迫的旧制度带来的,因而决心跟着共产党干革命。1933年11月下旬,毛泽东来到才溪进行革命实践活动。在下才溪乡干部调查会上,毛泽东认真听取了衰坑村代表汇报该村踊跃报名参加红军及团结起来闹革命、组织起来搞生产的情况后,高度赞扬了村民的工作,并笑着说:"这么多的小伙子参加红军,各项工作又搞得这么好,怎么会衰呢?"随后,毛泽东用商量的口气亲切地对代表们说:"衰坑这个名字确实不好听,有共产党的领导,一定会发展兴旺起来的,是不是改为'发坑'好?"随后,毛泽东把

闽西红色培训现场教学点点评词

"发坑"这个新的村名写进了著名的《才溪乡调查》一文中。从此"发坑"这个村名流传开了,毛泽东为"衰坑"改村名的故事也成为人们代代传颂的佳话。

土地革命战争时期,在扩大红军中,发坑村人踊跃参加红军,父子红军、夫妻红军、兄弟红军比比皆是。据统计,当时全村250人,当红军和外出工作干部就有112人。这些人中有43位烈士,而其中就有两户是一家三兄弟共同为革命献出了年轻的生命,被誉为"红色三兄弟"。

发坑村的贫苦农民林攀信和王永玉有三个儿子,长子林金堂,次子林金森,老三林金香。不论在土改、支前还是其他活动中,三兄弟都表现得分外积极。老大金堂是才溪暴动后被选出的赤卫队队长,加入了中国共产党;老二金森是乡苏维埃政府的通讯员;老三金香虽然年纪最小,但革命热情一点儿都不比哥哥们差,还是乡里数一数二的吹号能手。1929年,乡里进行"扩红",弟兄仨自然不甘落后,可是这次名额有限,上级规定一家只能走一个,谁去呢?

为了能当上红军,三兄弟都想方设法做通另外两位兄弟的工作,各人都有自己的理由,谁也不能说服谁。老大金堂说自己出门多,更老练,力气也最大,应该要最先去;老二金森说大哥有老婆,又会当家,耕田技术也比自己高,应该留下来照顾家里;老三金香则说既然报名的时候是三个人一同去的,现在就没有谁能去、谁不能去的问题,三个人应当一起去。

争论了半天,还是没有人肯相让。他们就争着到了乡苏维埃政府,可是乡苏主席经过几番工作也没法说服兄弟中的任何一个,只好请三兄弟的母亲到乡苏维埃政府,征求她的意见。慈祥的母亲王永玉微笑着说:"我讲也不算数,乡里批准才有用。""为了好光景,三个都去当红军我也一千个同意，一万个放心。"

几天后，乡里宣布了批准名单，老三金香优先当了红军。因为这次部队缺少号兵，而金香的号吹得最好，所以被优先入选。参军后，林金香勇敢杀敌，屡建战功，第二年就入了党，并担任连政治指导员。1933年，这个连队在江西某地执行任务时，不幸被敌人重兵包围。林金香机敏果断地指挥部队杀出血路，并亲自留下担任阻击断后的任务。子弹打光了，他就紧握大刀与敌搏杀，最后壮烈牺牲。

老二林金森的参军愿望在弟弟金香入伍的一年后终于实现了。他被分配到红军独立团与弟弟一样当上了号兵，在每次战斗中，他都表现得很勇敢。1930年的一天，林金森所在红军独立团攻打武平中堡，他报名参加了敢死队，在扫清暗堡障碍时，他将3颗拉着了导火索的手榴弹一齐塞进敌人碉堡，然后用整个身子拼命堵住碉堡洞口，以生命为代价将碉堡炸飞……

1933年底，敌人的"围剿"更加猖狂了。为了保卫苏区，老大林金堂在二弟、三弟先后在前线英勇牺牲后，不顾乡亲们的劝阻，毅然告别妻儿，加入红军队伍，踏上了革命征途。在部队林金堂先是担任排长，不久调福建军区政治部工作，后任中央特派员，1934年1月当选为先进代表，出席了全国苏维埃第二次代表大会，不幸于10月在江西瑞金牺牲。

新中国成立后，为了表彰烈士，缅怀革命先烈，上级政府拨款在才溪中学旁建造了一个墓地。每逢清明节，附近的学生都会到这里扫墓。林金堂、林金森、林金香的墓地也在这里，他们被人们称为"红色三兄弟"。

80多年过去了，沧海变桑田。发坑带着历史的光荣走进了改革开放和社会主义现代化建设的新时期。20世纪80年代，改革开放的

闽西红色培训现场教学点点评词

春风吹进了这片古老的山坳，昔日静寂的山村又躁动了。村里的男人们纷纷拾起了祖传的建筑和打井手艺，大胆闯入广东深圳，投身特区建设中，其中才溪最早从事现代建筑业的人就是发坑村民。作为凭着祖传的建筑技艺和敢为天下先的精神勇闯特区的一群人，发坑人民率先过上了小康生活。如今这个不到100户的自然村，85%的人家住上了农民别墅，全村10万元以上的小车就有40多部，占了全村户数的30%以上。有的一户人家有几部小车……就如发坑人自己讲的那样：发坑真的发了。发坑的变迁正如村牌坊对联所写，"衰坑改发坑伟人创举，旧貌换新颜党的恩情"。

从"衰坑"到"发坑"名字的演变，再到村庄"兴旺发达"起来的真实事实，演绎出了90多年来中国共产党人为民族独立、国家富强、人民幸福的目标而奋斗的信念和责任担当，以及老区人民相信党、真心跟着共产党走的赤子之心。今天，虽然我们远离了烽火硝烟的岁月，但是，国家富强、人民幸福，民族复兴的任务还很艰巨。如何让社会更加公平，让更多的群众享受改革开放的成果；如何让党员干部更加振奋精神，敢于担当、积极作为；如何让党员队伍更加先进和纯洁，执政党的根基永固，需要我们每一个党员干部去思考。弘扬革命传统，只有把增进民生福祉作为发展的根本目的，不忘初心，牢记使命，才能继续前行。

光荣亭

一、教学主题

学习和弘扬才溪人民忠于理想、无私奉献的崇高精神。

二、教学目的

依托光荣亭旧址,介绍才溪光荣亭的来历和部分烈士英雄事迹,加深学员对才溪的了解,让学员感悟才溪精神的内涵,激发学员积极进取、开拓创新的精神。

三、教学实施

1. 教学导入。学员参观光荣亭旧址,由讲解员讲解。
2. 教师现场点评。《光荣亭前说光荣》和《血染的光荣》两个点评方案备选。

才溪光荣亭 (张永辉摄)

闽西红色培训现场教学点点评词

光荣亭前说光荣

这座仿欧式建筑是毛泽东同志亲笔题名的光荣亭。说起光荣亭的来历,还要回溯到 80 多年前。那时,才溪是土地革命时期毛泽东同志亲自培育的中央苏区模范乡。才溪人民在中国共产党和苏维埃政府的领导下,政权建设、经济建设、扩红支前等各项事业都取得了十分显著的成绩,创造了"第一等工作",荣获了不少全苏区和福建苏区第一的称号和荣誉。毛泽东称赞才溪为"全苏区第一个光荣的模范"和"争取全中国胜利的坚强的前进阵地"。1930 年至 1933 年,毛泽东同志三次亲临这片红土地作社会调查,写下了光辉篇章《才溪乡调查》。1933 年,福建省苏维埃政府为了表彰才溪人民的巨大贡献和光荣业绩,拨出专款在才溪老圩坪上建造了这座光荣亭,在亭内立了"我们是第一个模范区"石碑和授予"我们的第一模范区"奖匾。1934 年 1 月,在中华苏维埃第二次全国工农兵代表大会上,毛泽东同志又在报告中称赞说:"才溪乡扩大红军多得很呀!一百个人中有八十八个当红军去了。"才溪被评为全苏区的第一模范区、模范乡,并授予"才溪模范乡"这面锦旗。

在 80 多年前那段如火如荼的岁月里,是什么让才溪人民拥有这样的光荣?今天,我们站在这座胜利的丰碑前,站立在熠熠闪光的"光荣亭"三个大字下面,再一次思索才溪的历史与现实。

是坚定跟党走的信念,让才溪人民拥有革命的豪迈激情。80 多年前,才溪人民高举红旗跟党走,他们英勇无畏,扫除污垢;他们发展组织、武装民众;他们响应号召,无私奉献。为保卫红色政权,保卫土地革命的成果,在一次次扩大红军运动中,才溪出现了父母送子妻送郎,兄弟争相当红军和独子孤儿踊跃入伍的动人场面。

3000多才溪儿女走上前线，占当时才溪青壮年男子的80%以上。这些优秀的才溪儿女们，机智勇敢、浴血奋战，更有上千名优秀儿女为中国革命壮烈牺牲，为中国革命作出重大贡献，也由此产生了闻名全国的"九军十八师"。

是革命必胜的信心，让才溪人民拥有了坚韧不拔的英雄气概。在血与火的岁月里，才溪人民怀着革命必胜的信念，冲锋在大江南北广阔的战场上，立下了赫赫战功；在血雨腥风里，才溪人民抹去眼角的泪水，擦干身上的血迹，穿行在崎岖的山路继续革命；在革命最低潮的时候，面对敌人的严刑拷打，才溪人民从来没有低下高昂的头颅，从来没有露出怯懦的表情，即使死去他们也始终微笑着，坚信革命一定会成功！

是当家作主的喜悦，让才溪人民开拓创新争第一。为建设一个真正民主的苏维埃政权，才溪人民珍惜手中的民主权利，成为全苏区选举工作的模范；为打破敌人的经济封锁，支援红军打胜仗，他们在全苏区建立了第一个劳动合作社、消费合作社，成为全国合作社运动的发源地；为扩大红军，建立巩固的后方，苏区军民广泛开展了拥军优属活动，在政治上、生活上关心烈军属，开创了苏区双拥运动的新路……

这就是才溪人民，光荣的才溪人民！这种光荣不因时间而停止，也不因破坏而荒废。1934年4月27日，光荣亭在战火中被毁，但革命的火种并没有熄灭，才溪人民心中燃烧的熊熊火焰，早已使他们团结一心，同仇敌忾，扛起枪杆，保卫家园。

终于，阴霾过去，日月重光，才溪人民盼来了当家作主的新时代。欢天喜地的才溪人民在原地按原貌重建了光荣亭，并请毛主席为"光荣亭"题字。一直牵挂着革命老区发展的毛主席，欣然题写了"光荣亭"三个大字。

"干革命走在前头，搞生产力争上游。"镶嵌着毛主席题词的光荣亭，已成为才溪人民永远的荣光，记载了才溪人民对党的忠诚和为革命作出的巨大贡献，也给才溪人民以极大的鼓舞和鞭策，它像一面鲜艳的红旗，成为革命老区人民勇往直前的精神动力。特别是改革开放以来，才溪人秉承才溪乡调查精神，敢吃螃蟹勇闯特区，成就了新时期的"九军十八师"。我们欣喜地看到，从苏区时期到新中国成立，从改革开放，到新世纪新征程，才溪人民总是矢志不渝跟党走，开拓创新争第一，艰苦奋斗创辉煌，永远光荣不变质！

今天面对光荣亭，我们不禁要问：是什么使才溪人民保持着80多年如一日的光荣，是什么使才溪人民能够永远走在时代的潮头？是党的正确领导，是党和人民之间不可分割的血肉联系。一切为了群众，是我们党一切工作的出发点和落脚点，才溪党组织和苏维埃政府"真心实意为群众谋利益"，从而赢得了人民群众真心实意的拥护和发自内心的高度赞誉。由此也让广大人民群众从实践中真切地感受到：中国共产党是维护劳苦大众利益的政党，苏维埃政府是真正为人民谋利益的新政府，如果没有中国共产党、苏维埃政府和苏区革命的胜利，就没有自身的解放和幸福的生活，由此才使苏区人民激发出强烈的、彻底的、主动的和忘我的奉献精神。只有坚持党的领导，坚持为人民服务的宗旨，光荣的旗帜才能始终高高飘扬。

血染的光荣

说起才溪人的光荣,大家肯定注意到了这座仿欧式建筑上三个熠熠生辉的大字——光荣亭。这是毛泽东同志亲笔所题。是什么让才溪人如此光荣?才溪人的光荣是才溪苏区干部群众用鲜血和生命铸就的,是血肉相连的党群关系谱写而成的。

20世纪30年代初,才溪人民在中国共产党的领导下,政权建设、经济建设、扩红支前等各项事业都取得了十分显著的成绩,创造了"第一等工作",荣获了"全苏区第一"和"福建苏区第一"的称号和荣誉。1930—1933年,毛泽东同志三次亲临这片红土地作社会调查,写下了光辉的《才溪乡调查》。高度赞扬了才溪创造的光荣业绩,并在1934年1月,中华苏维埃第二次全国工农兵代表大会上,表扬了"才溪模范乡",向全苏区推广才溪乡的经验。"第一等工作"的业绩,全苏区学习的"模范",这一个个令人敬佩的荣耀,是才溪的党员干部和群众共同创立的。从此,"光荣"二字成为才溪人民的自豪和自觉的行动,艰苦卓绝的革命斗争中形成的血肉相连的党群关系刻在了这片血染的红土地上。这种光荣不因时间而停止,革命的火种也并没有因为出现革命道路上的腥风血雨而熄灭。

1934年10月,由于王明"左"倾路线的统治等原因,导致了中央苏区第五次反"围剿"的失败,主力红军开始战略大转移。当红军北上远去,国民党还乡团凶神恶煞般地卷土重来,用几倍、十几倍于我之敌围剿苏区,扬言要"毁灭苏区,斩草除根",企图扑灭革命火种。本来红红火火的苏区顿时变成了血雨腥风的世界。在那极端恶劣的环境下和疯狂至极的白色恐怖中,大批共产党员、苏区干部和红军家属被残酷杀害。阙桥书一家便是其中之一。

闽西红色培训现场教学点点评词

阙桥书是上杭县才溪区东里乡人。在他还未成年的时候，父母就相继去世。在黑暗的旧社会里，他一年到头起早摸黑拼死干活儿，仍然过着饥寒交迫的生活，眼看就年到半百了，还是孤身一人。1929年，革命风暴席卷闽西大地。在党的领导下，阙桥书毅然投入了革命的洪流。才溪革命暴动后，阙桥书不仅分得了土地，还结了婚。很快，又有了一个漂亮可爱的女儿，日子越过越红火。他对妻子说："没有共产党，就没有我们一家，共产党的恩情，我粉身碎骨也报不完。"由于他斗争坚决，工作出色，不久，被推选当上了东里乡苏维埃政府主席，乡党支部书记。从此，阙桥书更是一心扑到了革命事业上。

1934年12月，国民党八十三师侵占上杭通贤。为掩护乡亲们转移，阙桥书的妻子惨遭杀害。她临死前，托乡亲带回一句话，要阙桥书好好把女儿养大成人。阙桥书悲愤交加，在草草掩埋了妻子的尸体后，背起刚满三岁的女儿，带领部分游击队伤病员和革命干部、群众向障云山区转移。

障云岭，位于上杭西北部，与长汀、连城毗邻，山高密林，地形险要，是新汀杭县苏驻地。阙桥书到障云岭后，在新汀杭县苏领导下，带着女儿，积极组织干部群众挖陷阱，设哨卡，筑路障，抢救伤员，配合红军游击队打击敌人，在极端困难的情况下，与敌人血战了一个多月。但是，由于敌我力量悬殊太大，1935年2月，障云山区沦入敌手。敌人疯狂叫嚣："石头要过刀，人要灭种。"大肆残杀红军游击队革命干部和群众。2月19日，阙桥书带着挨饥受冻的30多名乡亲，隐藏在名叫"大地垱"的山谷里，等待时机转移。中午时分，大批搜山的敌人向山谷胡乱放枪，几排子弹射击在阙桥书身旁的岩石上，发出了刺耳的响声。枪声惊醒了睡在阙桥书怀里的女儿，眼看孩子就要哭出声来了，如果哭声传出去，全部人员就会暴露，30多名乡亲就会惨遭杀害，在这千钧一发的危急关头，阙桥书来不及多想，急忙捂住了孩子的嘴巴。憋气的孩子死命地挣扎着，两只小脚乱蹬乱踢。阙桥书噙着眼泪，咬紧牙关，使劲地把孩子的小嘴巴紧紧地压在自己宽大的胸脯上。时间一分一秒地过去了，孩子的脸色由红变紫……

敌人走远了，乡亲们得救了，但阙桥书松开双手时，小女儿已永远不会再叫爸爸了。阙桥书再也控制不住自己，又一次把小女儿紧紧地抱在怀中，泪水像断了线的珠子一般倾泻而下，滴在女儿紫色的脸蛋上，颤声地喊着："小女，乖女啊，爸爸对不起你……爸爸对不起你娘啊……"在场的乡亲们个个潸然泪下，泣不成声。他用颤抖的双手挖了一个小坑，将孩子掩埋，并将一棵小松树移种在小女的坟前。

当天傍晚，阙桥书告别了心爱的女儿，带着乡亲们向官庄、回龙一带转移。当他们走到旱溪排上村时，不料被敌人发现了，阙桥书果断地指挥大家折入小山道转移，自己却机智地朝相反方向迅猛奔跑，一边跑，一边故意大声骂敌人。敌人果然中计，像饿狼似的朝阙桥书扑来，一边大喊："站住！"一边朝阙桥书开枪……

第二天清晨，群众沿着滴滴血迹在一个小山坡上找到了躺在血泊里的阙桥书，只见他身上布满了弹孔，但眼睛却张开着凝视着远方，似乎仍在担心乡亲们是否安全脱险。

阙桥书走了，带着对乡亲们的挂念，对革命理想的追求，永远的走了。而今，枪声早已飘逝，血染的梭镖已陈列在纪念馆。但是，那催人泪下的场景，那视死如归的高尚品质，依然深深地镌刻在人们的记忆中。为了纪念为保护群众而献出女儿和自己生命的阙桥书烈士,人们将他们藏身的小山谷称作"女儿窝"。

毛泽东曾说:"人总是要死的,但死的意义有所不同……为人民利益而死,就比泰山还重。"才溪,有许许多多像阙桥书这样为人民利益英勇献身的烈士。据资料显示,当年才溪乡有3000多人参加红军,占该乡青壮年总数的80%以上,有1000多名优秀儿女为革命献出了宝贵的生命。他们崇高的品质、无私奉献的革命精神、舍己为人的高大形象,将永远地镌刻在我们的心中,浓缩在血肉相连的党群关系上,绽放在这块血染的"光荣"的红土地上。

列宁堂

一、教学主题

光荣的才溪苏区妇女。

二、教学目的

依托列宁堂的实景,介绍革命战争时期共产党的乡村动员和才溪人民响应党的号召的情意,展示英雄的才溪妇女的高大形象,引导学员进一步理解才溪的光荣历史,弘扬革命传统。

三、教学实施

1. 教学导入。学员参观列宁堂,由讲解员讲解。
2. 教师现场点评。

列宁堂 (张永辉摄)

光荣的才溪苏区妇女

这座仿苏式建筑就是列宁堂。1930年4月，才溪人民为纪念列宁诞辰60周年而建立。之后才溪人民经常在这里集会，进行政治宣传活动和欢送自己的子弟参加红军。才溪"三千男儿"就是在这里告别父老乡亲，走上革命大道的。而且他们几乎全是在才溪妇女的鼓励和支持下离开家乡上前线的。面对敌人的"围剿"，英雄的才溪妇女纷纷从自己做起，千方百计动员自己的亲人当红军，决心同敌人血战到底，誓死保卫红色政权，留下了"百母送子上前线""千女送郎当红军"的动人故事。

才溪乡的妇女代表、草鞋组长王秋莲，时常用山歌动员村里许多热血男儿当红军，而且还积极动员自己心爱的丈夫上前线。在丈夫入伍集训前，3岁的儿子因患天花病死了。孙松发思想有点犹豫，想留下来照顾妻子和家庭，希望和妻子再生个孩子之后再上前线。为了动员丈夫参加红军，王秋莲好几个晚上，与丈夫在昏暗的煤油灯下倾心交谈。王秋莲温柔细声地鼓励丈夫说："一定要以保卫红色政权这个大事为重，不能让白鬼子'围剿'得逞，孩子的事让我们很伤心，但是我们还年轻，以后可以再生。"孙松发上前线的决心终于定下了。在丈夫出发那天，王秋莲把自己靠挑担积蓄的12个银毫子塞到丈夫手里，还送给他一条绣有"永远革命莫变心"七个大字的毛巾。王秋莲在欢送队伍中，深情地唱道："红旗插出日日新，俺夫出去莫挂心；一心一意为革命，无子过世也甘心。"

但是就在丈夫入伍后不久，其中一个女儿也不幸得了"天花"重病断了气。接连两次遭到如此巨大的打击，王秋莲仍然劝丈夫在前线勇敢杀敌，自己继续投入到拥军优属、扩大生产的运动中，照样发动妇女们支援前线。

1931年的一天,王秋莲的丈夫在上杭岩下山激战中壮烈牺牲。噩耗传来,王秋莲悲恸欲绝,难过的泪水再也控制不住,她偷偷跑到后山儿子和女儿的坟地上放声痛哭。然而,悲痛并没有打倒王秋莲,她擦干眼泪,化悲痛为力量,回家后拿起针线,把自己心中对亲人的思念一针一线全部纳进了一双双红军鞋中,把对亲人深深的爱汇聚成对红军的无限大爱中。

王秋莲送郎当红军的消息很快在乡里传开了。大家都向她学习,妻送郎、母送子、兄弟争当红军、父子同参军的热潮一浪高过一浪。1973年8月,70多岁的王秋莲当上了中国共产党第十次全国代表大会代表,到北京受到党和国家领导人的接见。

当才溪男儿在前线奋勇杀敌之际,留在家乡的才溪妇女们,就成了坚强的后盾,她们除了积极生产,承担起繁重的家庭生活负担外,还要完成大量的支前任务。白天,她们走村串户组织全乡16岁以上的妇女学种田,搞宣传。晚上,她们又围坐在燃亮的松脂火把下一针一线地做红军草鞋。据《红色中华》报道:在第二次国内革命战争时期,才溪妇女为红军做出的鞋就有2万多双;另外,交红军公粮70多万斤,拥军优属犁田插秧当家管家,都成了中央苏区闻名一时的"妇女模范集体"。

在1933年冬,党中央又下令号召做10万双布鞋支援前线将士,要求才溪妇女在一个月内完成1000多双。上才溪的王凤里,下才溪的林菩莲、王太珍等20多名妇女,一连十几个夜晚都没有很好睡觉,每人做了布鞋20多双,手上的血泡变成了血痂。现在很难想象妇女们白天在田间耕作,晚上则围聚松明灯边高唱"做双草鞋千万针,同志阿哥穿了要记心"的歌谣给红军做草鞋的情形。毛泽东同志在才溪调查时发现这里80%的青壮年男子都外出参加红军了。然而，在以妇孺为主要生产力的才溪竟然创下了"生产超革命前的100%"的奇迹。全区3000多名妇女中，有1/3的人成了犁田、耙田都能干的多面手。才溪妇女成了生产战线上的主力军。

才溪妇女为革命牺牲小家，为了前线努力生产、节衣缩食、无私奉献的精神，受到了毛泽东主席的密切关注和高度赞扬。才溪妇女的事迹和精神在《才溪乡调查》这篇光辉著作中留下浓重的墨迹。

在才溪这块红土地上，有80%的青壮年积极报名参加红军，3000多英雄儿女汇入革命的滚滚洪流，其中有1200多名壮士血染在疆场，他们的许多动人故事可歌可泣，让后人广为传颂。这一切，不仅仅是才溪男儿的骄傲，更是才溪妇女的自豪，才溪的光荣与才溪妇女密不可分，没有她们的信仰与坚守，就没有才溪的光荣篇章。

大家不禁要问，什么使这个当年偏僻贫困的山乡出现"三千男子扛枪打天下，三千妇女拿锄建家园"的壮举，什么使一群有血有肉的普通乡村妇女，忍受着亲人生死离别的悲痛，牺牲了天伦之乐的家庭生活，为了支持革命，把客家妇女的优秀品德升华成对国家、对民族的大爱？这就是才溪人民心中那股浓浓的军民鱼水深情，是闽西老区人民坚定跟党走的信念和不怕牺牲、坚忍不拔的革命精神。

才溪妇女的革命热情、热爱红军、支援红军、无私奉献的行动，深刻揭示了"真正的铜墙铁壁"是人民群众的深刻内涵。站在这里，我们应更加清醒地认识到党最大的政治优势是密切联系群众，党执政后最大的危险是脱离群众。汉代学者王符说："大鹏之动，非一羽之轻也；骐骥之速，非一足之力也。"我们必须牢牢记住，为什么人的问题，是检验一个政党、一个政权性质的试金石。中国共产党的党员和干部应当时刻与群众同甘共苦、心心相印，始终把人民利益摆在至高无上的地位。

才溪红军公田

一、教学主题

老一辈革命家的百姓情怀。

二、教学目的

依托才溪红军公田的旧址,通过讲解红军公田的来历及相关历史故事,形象生动展示当年的党群关系,引导学员自觉改进工作作风,密切党群关系。

三、教学实施

1. 教学导入。学员参观红军公田旧址,由讲解员讲解。
2. 教师现场点评。

才溪红军公田 (邱泉斌摄)

闽西红色培训现场教学点点评词

老一辈革命家的百姓情怀

1929年5月,红四军在朱德、毛泽东率领下,"红旗跃过汀江,直下龙岩上杭",第二次挺进闽西,开辟了闽西革命根据地,开启了闽西革命史上的新篇章。1929年7月,才溪人民在中国共产党的领导和红四军的策应支持下,举行了武装暴动。暴动胜利后,轰轰烈烈地进行"打土豪,分田地",建立了红色政权。在深入进行土地革命斗争过程中,才溪人民为了支援革命战争,每个乡村都在分配土地时,抽出了部分土质最好、产量最高的优质田作为"红军公田",如上才溪乡"红军公田"在上坝段,下才溪乡"红军公田"在扶田段。"红军公田"由区苏维埃政府统一管理,组织群众轮流耕作,收获的粮食专供红军路过才溪时使用和作为红军家属困难户的救济粮,剩余粮食由才溪区苏维埃政府集中送往前线,大力支援革命战争。当年,才溪以乡为单位组织了拥护红军委员会,以区为单位统计分配劳动工,劳动比较困难的就多派劳动工补助。尤其是在春耕夏耕秋收忙的时候,还组织了10人一组的耕田队帮助红军家属栽植割禾等。他们不但自己带饭包,加快工作速度,而且主动将自己家中最好使的劳动工具,如犁、耙、锄头、镰刀等拿到红军公田中无偿使用。才溪人民这种无私的拥军行为受到了盛赞,其中《斗争》报撰文称赞才溪是优待红军的光荣模范。

当时党和红军的许多领导人,也在"红军公田"劳动过。据红军烈属才溪妇女林宝姑回忆:1933年11月下旬,毛泽东在上才溪乡调查期间,除召开调查会、访贫问苦外,还在上才溪乡上坝段"红军公田"参加过劳动。上坝段"红军公田"早季种水稻,晚季种地瓜并套种黄豆。这年,这块田里种的是晚地瓜,当时黄豆已经收割了,留在地里的地瓜再过半个月左右也可收获了。一天上午,林宝姑正和十几个妇女在"红军公田"里劳动,为晚地瓜作最后一次培土和锄草,同时也为接种的油菜整理畦沟。约十点钟,毛主席同才溪乡苏维埃主席卓兴华等四个人来了。毛泽东主席身穿灰色布扣棉裤,头戴一顶当地大草帽,脚穿布鞋。当时谁都不知道来的这位瘦高个儿就是毛主席,只知道他是红军干部,都觉得他说话很亲切。主席看着田里的地瓜高兴地说:"这地瓜长得好,你们才溪妇女生产搞得好,值得大家学习。"说完,他就卷起袖子、裤筒,拿过一个妇女手中的锄头和我们一起劳动。培土时,主席见到一条露出土面的地瓜,顺手拿起来,问大家:"你们这里的地瓜有几个品种?"大家告诉他,有红皮红心的,有黄皮红心的,有红皮白心的,有白皮黄心的,有水红皮黄心的。主席又问:"哪一种产量高?哪一种好吃?"大家回答说:水红皮黄心的产量高,红心的甜,红皮白心香。毛泽东启发大家说:"我们干革命,就是皮也要红的,心也要红的。"后来,主席还请大家唱才溪客家山歌,其中一首是这样的:"红旗插出敢飘扬,妇女耕田加开荒,多开荒田多收谷,多得粮食送前方。"当天,主席在"红军公田"里足足劳动了一个多小时。几天后,作为才溪乡妇女代表,林宝姑接到通知参加调查座谈会,这时卓兴华才透露,主持会议的那名红军干部就是毛主席。

八十多个春秋过去了,才溪早已旧貌换新颜。才溪这片经过几代人耕种的土地,是红军时代戎马倥偬的烽火岁月的见证,是苏区人民团结一心支援革命的实际行动,是对为革命走上战场的红军战士及家属的崇高敬意,是"军爱民,民拥军"的浓浓情意。除此之外,值得我们学习的就是老一辈革命家身上体现出的对人民群众的深厚感情。在才溪乡调查中,毛泽东主席走村入户,深入"红军公

闽西红色培训现场教学点点评词

田"与苏区群众推心置腹、坦诚沟通，启发群众，让群众敞开心扉、知无不言；与群众一起生产生活、同甘共苦，亲自参加劳动，到群众家中帮助劈柴，与群众一起吃地瓜，在田间地头、饭前饭后向群众问寒问暖。关心群众有没有柴烧、有没有房子住、米价盐价贵不贵、小孩读书有没有学校、生病怎么治，甚至木桥太小行人会跌倒要不要修理等。这一件件表面上看和当时严峻的战争形势毫无关系，甚至是鸡毛蒜皮的小事，不应该是一个日理万机的领导者关心的。但是，透过现象，我们就可以认清其中的本质：正是这些共产党人用行动使群众一个个切身利益问题得到解决，从而让群众认识了中国共产党和共产党的干部，进而真心实意地拥护中国共产党和她领导的人民军队。十万闽西子弟参加红军，"把革命当作他们的生命，把革命当作他们无上光荣的旗帜"。

革命党成为执政党后，自身角色、地位、任务发生变化，但不意味着党的宗旨发生变化。只有切实改进工作作风，真正走进老百姓的"家门"，打开老百姓的"心门"，听到老百姓"呼声"，说出老百姓"心声"，党才能深深扎根群众之中，才能做到事业永续发展。

07　武平县教学点

武平县林业局供稿

闽西红色培训现场教学点点评词

刘亚楼将军纪念馆

一、教学主题

学习刘亚楼将军的担当精神。

二、教学目的

结合教学主题,依托文博园刘亚楼将军纪念馆和中央苏区武平纪念馆丰厚的历史资源,帮助学员了解刘亚楼将军戎马生涯、征战南北、叱咤风云的一生和中国共产党领导下的武平革命斗争的光荣历史,从而增强对闽西儿女为中国革命作出的牺牲及贡献的理解,进而达到心灵的洗礼和增强工作责任感的目的。

三、教学实施

1. 教学导入。学员参观刘亚楼将军纪念馆,由讲解员讲解。
2. 教师现场点评。

刘亚楼将军纪念馆 (李国潮摄)

刘亚楼将军的担当精神

被称为"空军之父"的刘亚楼将军,是一位从武平大山里走出来的农家娃,凭着信念、勇敢、智慧,他在战场上屡立奇功。他从一名普通的战士成长为红军高级指挥员。新中国成立后,他担任中国人民解放军第一任空军司令员,1955年被授予上将军衔。

在刘亚楼将军长期的革命生涯中,他始终坚定共产主义信仰,对党无限忠诚。刘亚楼原名刘振东。1929年,他加入中国共产党,从那天起,就把名字改为刘亚楼,意为"坚定跟党走,更上一层楼"。此后,在几十年的革命历程中,不论是战火纷飞的战场,还是建设共和国人民空军的蓝天事业,或是异国他乡的苏联学习和战斗,从来没有动摇过他的信仰和对事业的无限热爱。

刘亚楼将军的担当精神,可以从两个方面来说。

一、英勇战斗,善于思考,勇于担当

"雷厉风行、高度负责、严格要求"是他突出的工作作风。在他36年的军事生涯中,曾任过红军时期的班、排、连、营长,支队、团政治委员;抗日战争时期,他担任过抗日军政大学训练部长、教育长等职务;在解放战争时期,他担任过中国人民解放军东北军区、第四野战军参谋长,兵团司令员,1949年8月,任中国人民解放军空军司令员。不论什么时候、什么岗位,他都对党和上级的指示认真负责,勤奋工作,不管什么困难,都百折不挠地克服。他办事情从不拖延,说干就干,决不过夜。遇到事情,他总是立即动身,第一时间到达现场,亲自总结第一手经验,连夜写出调研报告。为培养一支现代化的空军,他提出了"高标准、严要求"的响亮口号。

空军创建初期使用的教材基本上是照搬苏联空军的。1958年，根据毛泽东主席"一定要搞出我们自己的战斗条令"的指示，他亲自审定空军条令教材工作历时五年多，共编写完成条令教材306本。这是空军建军以来开拓性的大规模的理论建设，也是一项很大的、复杂的系统工程，为空军的现代化建设起到了重要的作用。

刘亚楼将军不但在工作中严要求，在生活中也严要求。新中国成立后，他曾多次率团出国谈判或访问，每次出国，都千方百计地节省外汇开支，从不乱花一分钱。一次，他率团赴苏联谈判，时间一个半月，他把节余伙食费1400多卢布，让秘书全部交了公，并说服随行人员也这样做，有的人开始犹豫了，他便耐心地做思想工作，最后大家都愉快地把节余的伙食费交了公。

二、勇挑重担，开拓创新，忘我奉献

刘亚楼参加了五次反"围剿"战斗和二万五千里长征，长征中参与指挥红一军团第二师，取得强渡乌江、飞夺泸定桥等光辉战绩。1939年1月，刘亚楼将军受委派去苏联伏龙芝军事学院学习，1941年参加了苏联卫国战争，用名"撒莎"，被授予少校军衔。期间，他对斯大林格勒战役的反攻战术进行了仔细研究，并将作战计划上交给苏联高层，获得苏方重视。1949年10月，身为东北野战军第十四兵团司令员的刘亚楼正准备挥师南下，中央一纸命令让他就地留下来。原来，中央决定组建空军，并任命刘亚楼为空军司令员。两手空空，要组建空军，谈何容易？单单买飞机一项，就够刘亚楼伤透脑筋的了。钱从何来？人从哪儿调？但他服从命令，克服困难，挑起重任。跑地方要求支援，赴苏联商谈援助，全身心投入到人民空军的建设事业之中。由于他思路开阔，科学制定训练方法，善于从大局站位谋划创新,善于用实践需求牵引创新。在抗美援朝时期,他强调空军在实战中接受锻炼、培养战斗力,为建设一支强大的人民空军做出了卓越贡献。"开路先锋"是许多军史、党史研究者对刘亚楼将军的评价。

繁重的工任,忘我的精神,使他常常无暇顾及妻儿。1947年,已就任东北民主联军参谋长的刘亚楼未度完蜜月,就与林彪、罗荣桓一道,奔赴了前线,开始了东北战场夏季攻势的策划与指挥。1948年春,正值辽沈战役前夕,身怀六甲的翟云英突然病倒了。她深知丈夫公务繁忙,为了不牵扯丈夫的精力,迟迟不让别人转告。不料,病情急剧恶化,最后到了危及生命的地步。刘亚楼接到电报赶到时,妻子翟云英已奄奄一息了。妻子都病入膏肓了,为了支持自己的工作,都不让别人告诉自己,刘亚楼感动之余充满了内疚。为了拯救妻子的生命,他四处奔走,到处求医问药,终于找到一位德籍医师,使翟云英死里回生。

刘亚楼将军的一生,是献身革命的一生。1965年,年仅55岁的他病倒了。病重期间,他仍然惦记工作。他亲自改定的歌剧《江姐》中"春蚕到死丝不断"这句唱词,也成为他一生最好的写照。

刘亚楼将军留给今天共产党人的不只是曾经的光荣与梦想,更重要的是我们要把他身上体现出来的革命精神传承好、弘扬好。在新时代的征程上,我们要开拓进取、勇挑重任。

岩前均庆院

一、教学主题

定光佛在对台交流中的作用。

二、教学目的

紧密结合教学主题,依托定光佛的起源及发源地——武平均庆院的历史资源,帮助学员了解定光佛在海峡两岸交流中起到的重要作用,从而促进两岸经济、文化、社会的交流。

三、教学实施

1. 教学导入。学员参观定光佛祖庙均庆院,由讲解员讲解。
2. 教师现场点评。

定光佛祖庙均庆院 (李国潮摄)

定光佛在对台交流中的作用

这就是定光古佛信俗的发源地——武平岩前均庆院。

福建武平均庆寺是定光古佛信俗的祖庭。大中祥符四年（1011），定光大师被封为均庆寺护国禅师。均庆寺地处载入《中国名胜大词典》的"狮岩"，是全国三十六大景之一。定光大师既在闽西弘扬佛法，又护佑百姓，深得客家人的爱戴，成为闽西客家人的守护神，闽西客家人对其顶礼膜拜。伴随着闽西客家人外迁的脚步，定光古佛信俗由此流布于粤、赣、浙、桂、川、台及东南亚等地。

定光古佛俗姓郑，俗名（一作法号）自严（又作自岩），福建泉州同安人（现厦门同安）。祖父在唐代曾任"四门斩斫使"，父任同安令。自严934年出生，30岁从武平梁野山寻胜而来，睹南岩石壁峭峻，从此在这里弘法，在此后52年中，他除外出驻锡几年，基本都在南岩度过，凡是前来祈愿的百姓，他都书偈给他们，对百姓无愿不从；1010年，汀州郡守赵遂良延入郡斋；1011年，宋廷赐"南安均庆院"匾额；1015年正月初六申时，自严在均庆院圆寂，春秋八十有二。圆寂后，在均庆院收舍利遗骸塑为真相，香火供奉，善男信女顶礼膜拜。曾六次受到宋廷敕封，敕赐"定光圆应普慈通圣大师"徽号，享誉至极。在民间传说中，定光古佛的故事主要有：为百姓伏虎除蛟、开田治水、祈雨筑陂、治病送子；宣传佛教轮回报应说，劝人们"畏业报而息冤怨"，要人们行善；圆寂后，显灵御寇、无所不能等。

由于民间自发信仰和官府宣传作用，定光古佛信俗逐渐播扬。经过1000多年的积淀，历史文化内涵丰富，具有浓郁的民俗性和地方特色的定光佛信仰，成了影响既广且深的中华民族传统文化之一，具有一定的历史文化研究价值。明清之际,随着客家人移入台湾,定光古佛信俗也一同传入台湾。乾隆二十六年(1761),永定士民鸠金公建彰化定光寺。道光十年(1830),贡生吕彰定等捐修。淡水也建有定光寺。淡水的定光寺又称为鄞山寺,为汀州移民罗可赋、罗可章兄弟首倡。定光佛信俗的影响遍布台湾客家地区。因此,定光古佛信俗在闽台客家和非客家中具有较大的影响力,是两岸客家同胞联系的精神纽带和桥梁,是海峡两岸"五缘"的非物质文化情缘的见证,对于海峡两岸的历史、文化、民族、宗教、血缘认同乃至国家统一具有特殊的作用。

进入21世纪以来,海峡两岸加强了沟通和联系。福建省以"五缘"为抓手开展对台活动,促进了两岸交流及发展。省、市、县着力打造定光佛祖庙均庆院作为闽台、武台文化交流平台。

均庆院作为闽台文化交流平台,有以下特点和优势:

一、促进两岸经贸合作

闽、台两地仅一海之隔,有地缘优势。近年来,两岸定光佛信徒往来越来越频繁,并逐步影响两岸的经贸交流等领域。从2011年开始,武平连续举办六届定光佛文化旅游节,邀请海内外嘉宾,特别是台湾信众中有影响力的人士参加,寺庙周围往往自发形成规模宏大的农副产品交易市场,商贾云集。定光佛寺庙此时不仅是两岸定光佛信徒朝拜的圣地,也是集会的中心。来自两岸各地的信徒在参与庙会活动的同时也身处集市,能够了解到详细的市场信息,回到故乡后把这些信息传递给商业人士,善于抓住商机的商人往往不会放弃每一处市场。在此期间,向参会的台湾客人展示大陆经济建设的突出成就,介绍大陆经济建设的政策和项目,由此也在一定程度上促进了两岸经贸合作。

二、增进两岸民间交流

一方面,有助于培养两岸的友谊。定光佛庙宇对两岸信徒有一种巨大的向心力。他们把有关佛事活动以及文化研讨活动看得非常神圣,只要是与信仰有关的祀神活动,则"一呼百应",捐钱出力,热情参与。数量庞大的信徒队伍来自不同阶层,虽然职业不同、文化水平不同、年龄不同,政治理念也不同,但是,对定光佛相同的信仰,使他们走到一起,在相处过程中极易培养出深厚的友谊,并通过彼此的牵线而认识更多两岸的朋友。因此,定光佛信仰成为维系两岸同胞的情感纽带。

另一方面,也有助于增强祖国的凝聚力。改革开放以后,台湾定光佛信徒多次来到大陆,较有影响的有:2000年台南大竹镇专门派人到均庆院举行分香仪式,移植香火到台湾;2008年6月,台湾海峡两岸合作发展基金会董事长张世良,偕同台湾宗教文化参访团一行20人,来到武平县岩前镇狮岩均庆寺,和来自广东以及本地的400多名信徒一起参加定光佛庙会,向定光佛供奉进香。台湾定光佛信徒来到大陆参加有关佛事活动,不仅能感受到大陆日新月异的变化和大陆同胞的热情友好,也感受到大陆推行的各项对台胞的有利政策。回到台湾后,他们会客观地把自己大陆之行的亲身经历告诉亲人、朋友。这样不但能消除台湾同胞之前由于政治因素对大陆的隔阂或者偏见,而且也增加了对祖国的认同感和向往之情。大陆到台湾进行交流的机会也很多。2010年12月,武平县定光佛金身巡游台湾及汉剧演出团一行46人踏上宝岛台湾,成功开展了定光佛金身首次赴台巡游及汉剧演出活动。此次活动先后巡游了台湾彰化定光佛庙、苗栗义民庙、淡水鄞山寺3个寺庙，并举行隆重的佛事活动，接受台湾信众朝拜。通过以佛结缘、以文会友、交流合作，此次巡游圆满完成各项任务。

三、促进两岸关系和平发展

台湾定光佛文化中的宗教礼仪、宗教习俗及与定光佛信俗相关的寺庙建筑都与大陆的相同，通过文化方面的传承关系，能够印证两岸的亲缘关系。台湾信徒到福建为自己信仰的神祇寻根、访源，进行朝拜，就是这种文化认同的表现。两岸的宗教交流活动强化了台湾同胞对祖国的认同感和归属感。这种文化亲情跨越海峡，拉近了彼此的感情，化解了不少误解和隔阂，成为促进两岸关系和平发展的文化力量。

定光佛文化是一张悠久的历史名片，是维系两岸同胞血脉亲情的纽带。积极加强两岸定光佛信仰文化交流，将激发在台的客家人回大陆创业、报效桑梓的激情，也将逐步加深在台的客家人对大陆的文化认同、民族认同。

中山镇农民专业合作社联合社

一、教学主题

党旗引领合作社。

二、教学目的

紧紧结合教学主题,依托中山的历史文化资源和中山百家姓联合社为"三农"服务的丰富、直观、真实的教学资源,帮助学员进一步了解新时期农民合作社发展过程,进一步体会党建引领农民合作社发展的重要性,增强围绕中心搞党建的重要意义的认识,进而提高农村党建工作,更好地实施乡村振兴战略。

三、教学实施

1. 教学导入。学员参观中山百家姓联合社,由讲解员讲解。
2. 教师现场点评。

武平县中山镇农民专业合作社联合社 (钟丽英摄)

党旗引领合作社

发展农民专业合作社联合社,是农民专业合作社由初级阶段向联合发展阶段过渡的有效途径。武平县中山镇紧紧围绕"党旗引领合作社"这一主题,积极探索创新农民专业合作社党建工作,通过抱团合作、党建引领、村社共建等措施,把农村党建和产业发展紧密结合起来,使党组织服务和农村经济发展同步推进,为新形势下引领农民、组织农民、发展农民提供了一条新路径。

为解决单一经济合作组织规模偏小、辐射带动作用不强、发展后劲不足和抵御市场风险较弱等问题,中山供销社促进农民合作社由数量扩张向质量提升、由松散型利益联结向紧密型利益联结、由单个合作社带动向合作社集群带动转变,让专业合作社"集群"闯市场搏风浪。2011年成立全省第二家、全市首家农民专业合作社联合社,2014年成立全省首家水产品农民合作社联合社,2015年成立土地股份和农机合作社联合社,2017年成立食用菌和果蔬两个联合社。

中山供销社围绕当地主导产业和特色优势产品,延伸服务触角,领导组建61家农民专业合作社。这些专业合作社中,既有仙草、盘菜、灵芝等当地特色产业的合作社,也有农机、产销、植保等服务型合作社,甚至还有用水、土地托管、林权托管等特殊专业合作社,服务内容涉及种养和产前、产中、产后的各个领域,成为惠农、助农的一股强大力量。

随着农民专业合作社联合社的不断发展、吸收的社员不断增加,社员中党员数量占了一定比例。他们与合作社、联合社的联系增多,与村里的联系相对较少。由于联合社及合作社尚未成立党组织,党员教育管理难、作用发挥不明显的问题日益突出,并且导致联合社里一些政治上要求进步的经济能人也无法及时加入党组织。这些问题的存在，迫切需要创新基层党组织设置方式，把党的组织领导、政策引导、发动群众等方面的优势，与合作社在技术、信息、市场、资金上的优势有机结合起来，把党组织建在联合社、合作社上，走出一条"党建+联合社（合作社）"的新路子。2011年10月，合作社在全省率先成立了百家姓农民专业合作社联合社党总支，党总支下设服务中心、渔业产业、种植产业等3个党支部。联合社先后被评为全省供销系统"十强基层社"、示范社，全国百强基层社（排位第60名）、全国标杆社，全国文明服务示范单位，2012年党总支被评为省创先争优先进基层党组织，2013年被评为全国企业党建工作先进单位，2016年党总支被评为省先进基层党组织。

党组织成立后，按照"有利于合作社发展、有利于党员教育管理、有利于党组织作用发挥"的原则，围绕联合社及合作社的生产经营管理，采取"党总支+联合社""党支部+合作社+基地（家庭农场）+党员示范户"等形式，通过党（总）支部委员挂钩联系家庭农场、生产基地、种养大户和设立党员示范户、党员带创户等办法，充分发挥党组织的政治优势和党员的示范作用，取得了"党组织巩固、合作社发展、老百姓受益"的多重效果。党组织成立后，联合社掌握政策更及时、更全面、更准确，各项制度更健全，管理更规范，社员的向心力更强，党组织成为联合社开展对外合作的"金字招牌"，对联合社规范发展产生了积极作用。

联合社党组织在培训、管理、指导、销售等方面积极为农民提供"保姆式"服务，组织"土专家""田秀才"进行技术培训和指导，引导既无技术又无资金的农民进入合作社，为农村党员群众创业提供信息、技术帮助9000多人次，协调生产发展资金3760多万元。

闽西红色培训现场教学点点评词

果蔬产业专业合作社党员带头建立盘菜、脐橙等种植示范基地，引进推广13个果蔬新品种，试种面积达260亩，建立薄膜大棚50多亩，露地蔬菜种植1000多亩，在漳州、厦门、泉州、龙岩、深圳、汕头、广州等地建立果蔬销售网点，同时以百家姓电子商务中心为龙头，发展农村电商企业（服务点）12个，采取"实体+网络"运作模式，2017年共销售蔬菜2520吨、水果1500吨，并与厦门厦商集团进行农超对接，参加"第十五届中国国际农产品交易会"等各类展销活动。

仙草专业合作社党员积极引进和推广仙草新品种5种，推广仙草专用肥使用和黑地膜种植新技术，使仙草亩产大大提高。2017年产值达2.5亿元，增加财税收入600多万元。与广州某医药集团公司等知名企业签订仙草供货合同1.7万吨，与"王老吉""和其正""泰山仙草蜜"等40多家知名生产企业建立了业务关系，在福州、厦门、泉州、深圳设立营销网点。同时，在重点村设立集中连片示范基地，2017年发展仙草种植2.82万亩，带动毗邻乡镇种植1万多亩，带动农户5100多户，助农增收2500多万元。

联合社党组织还开展村社共建活动，促进了村社双赢。联合社党总支充分发挥资源多、渠道广、影响大、政府扶持力度大等优势，最大限度让利给共建村。共建村充分发挥组织协调能力强的优势，通过资产租赁、投资合作、有偿服务等方式，提高村集体经济发展水平，提高农民收入，改善村民生产生活条件。目前，联合社与中山镇阳民村、城中村、新城村、上峰村等9个村开展了"村社共建"活动，共建立仙草、渔业、灵芝等村社共建示范基地11个，就地消化剩余劳动力近5000多人，还及时为共建村提供道路硬化、整修水渠、新建水池等基础设施服务。联合社与阳民村以"美丽乡村"建设为契机，决定拓展"村社共建"合作领域，按照"游阳民竹林、观玉带堤柳、赏杨柳荷花、学军家方言、品客家美食"的乡村旅游发展思路，积极争取美丽乡村建设等项目资金980万元，完成杨柳荷塘周边的农民休闲公园、水上栈道、丰收亭、后山环山自行车道、阳民大桥，开发"水果采摘""骑行赏景""荷塘垂钓""生态民宿"等旅游项目，推动村传统农业向乡村旅游转型升级。同时，将杨柳陂鱼塘、抛荒多年的近10亩沙滩作为入股资产，发展观光渔业，每年按40%的比例分红，每年为阳民村增收约2万元。

联合社积极推动"党建+合作社+村两委+贫困户"精准扶贫模式，积极服务"三农"促发展，在精准扶贫和乡村振兴中积极作为。一是实施"党建+扶贫"模式。在太平村富家坝建立黄金果标准化种植示范基地200亩，择优26户贫困户参加黄金果种植激励性项目，辐射带动周边群众种植黄金果近千亩；实施养兔激励性扶贫项目，扶持30户贫困户养兔，帮助贫困户脱贫致富；结成帮扶对子181对，实现农业社会化服务与帮扶贫困户互惠共赢。二是组织缺乏劳动力的贫困户以土地、扶持资金等方式入股合作社，直接参与专业合作社的利益分配。依托"村社共建"基地，安置上百名贫困人员在家门口就业，增加收入。三是通过产业带动、技术培训、资金帮扶、电商营销等手段，坚持以品牌促增效，以产业促增收，为贫困社员提供产前产中产后的系列服务，促进了农业产业化发展和贫困社员增产增收。

短短几年时间，中山镇百家姓农民专业合作社联合社的绿露仙草合作社已成为国家农业部、全国供销总社、省政府示范专业合作社，成为全国总社、省供销社、福建省、龙岩市农业产业化龙头企业、中国3A级信用企业，其"可馨绿"商标成为全国供销总社"百佳标准化农产品品牌"。绿露仙草、鲤龙渔业、农欣果蔬、众兴灵芝专业社成为全国供销总社"千社千品"、富农工程示范社，鲤龙渔业成为省政府示范专业合作社。

中山镇百家姓农民专业合作社联合社的实践证明，围绕发展抓党建，抓好党建促发展，党的建设才有生命力。

08　长汀县教学点

董茂慧摄

闽西红色培训现场教学点点评词

红四军前委扩大会议旧址——辛耕别墅

一、教学主题
规划中央苏区的宏伟蓝图。

二、教学目的
依托辛耕别墅丰富、真实的历史资源,通过讲解和教师点评,使学员了解长汀革命历史及对中国革命的贡献,更加深刻地理解指导中国革命取得成功的正确理论来自于实践,进而引导学员在新时期要深入实际调查研究,不断创新,主动作为。

三、教学实施
1. 教学导入。学员参观辛耕别墅,由讲解员讲解。
2. 教师现场点评。

辛耕别墅 (黄晓彬摄)

规划中央苏区宏伟蓝图

说到长汀在中国革命历史上的地位,可以用美国记者史沫特莱采访朱德总司令后在《伟大的道路》中的一句话来概括:"长汀果然是中国革命的一个重要转折点。"之所以说是转折点,有两大原因。第一个原因是汀州在历史上很长时期里都是闽西的政治、经济、文化中心,正是由于汀州的富庶,1927年的南昌起义部队和1929年的红四军抵达汀州的时候,筹集了大量的军款,缴获大批进口武器。汀州人民给共产党的军队送粮、送菜、送茶、送衣服。在长汀,红军有了第一套统一的军装,第一次发放了军饷。在长汀,碰到了名医傅连暲和他的福音医院。他们为共产党军队治愈了大量伤病员,有效地防治了传染病。长汀给中国共产党和红四军巨大的钱粮补给和医疗卫生服务,对红四军元气的恢复起了巨大的作用。另一个更重要的原因,就是红四军在辛耕别墅召开的前委扩大会议。这次会议提出了我们党要在闽西赣南地区建立红色政权、建立连片苏区的初步构想。

首先,为什么毛泽东会在这个时候提出在闽西赣南建立中央苏区呢?是因为此时此地具备了天时地利人和的有利条件。第一是时机好。1929年军阀混战,蒋桂战争爆发,国民党蒋介石无暇顾及红四军的行动。这就是天时。第二是地利优势。赣南、闽西远离国民党兵力集中的大城市,并且赣南、闽西一带山地丘陵多、地形复杂,飞机、大炮、大规模步兵战斗不具备优势,方便红四军在山区地带开展游击歼灭战。第三是人和优势。闽西赣南一带很早就播下了革命火种,建立起党组织,共产党思想理论传播广泛,使共产党具有较好的群众基础。尤其是红四军剿灭了盘踞在汀州府平日作威作福、鱼肉百姓的土著军阀郭凤鸣后,闽西地区老百姓极力拥护共产党。

所以，毛泽东审时度势、高瞻远瞩，提出一定要在赣南、闽西二十余县为范围建立连片的苏区，作为中国革命前进的基础。

那么，毛泽东提出建立连片苏区有哪些重要意义？

一、会议规划和开启了中国革命新篇章

1929年毛泽东在辛耕别墅提出要建立连片苏区后，仅仅用了一年的时间，就成立了赣西南苏维埃政府和闽西苏维埃政府，标志着当时红军最大的战略区赣南、闽西两块革命根据地正式形成，实现了辛耕别墅提出的计划。1931年第三次反"围剿"胜利后，根据地扩展到30多个县境，在24个县建立了县苏维埃政府。此前一直被分割的赣南和闽西两块革命根据地终于连成一片，形成了以瑞金为中心的中央苏区。1931年11月在瑞金成立了中华苏维埃共和国临时中央政府。所以，在毛泽东的提议下，共产党四方英雄齐聚苏区，开启了共产党在中央苏区时代的新篇章，中国革命由此开启了新篇章，事业迈上了新台阶。

二、会议标志着指导中国革命道路思想初步明确

中国革命的指导思想来自发源于欧洲的马克思主义和列宁主义。这一思想关于无产阶级夺取政权的具体路线，是基于工人阶级和工业社会较为成熟的社会历史条件而创立的。中国社会的经济结构和阶级构成与之有巨大的差异性。因此才有马克思主义中国化这一高度困难和复杂的问题。早期的共产党正是因为没有在这方面取得显著进展，所以经历了无数的失败与磨难。1921年到1925年，共产党开展革命只有一种方式——组织工人罢工。但是一次次的罢工几乎都被残酷的镇压。震惊中外的"二七"惨案和"五卅"惨案不仅让我们付出了惨痛的代价，同时也标志着党单纯依靠工人罢工的革命道路的失败。1924—1927年，国共开始了第一次合作，但党的领导

人陈独秀在合作期间为了迁就国民党犯了右倾错误，蒋介石在1927年发动清党运动，无情屠杀共产党员，致使中国共产党6万多党员锐减到1万多人。第一次国共合作破裂，大革命失败。

就在死亡、泪水、迷茫、惨痛的革命道路上，一颗光辉的思想种子同时也正在孕育发芽。而这颗光辉的种子就是毛泽东思想。毛泽东思想最终指引着共产党取得了中国革命的伟大胜利。

用于指导中国革命的毛泽东思想包括：1927年"八七"会议，毛泽东提出枪杆子里出政权，让我们党开始高度重视自己的军队建设。1928年毛泽东在井冈山有了农村包围城市的战略构想，初步提出工农武装割据的思想，指出武装斗争、土地革命、农村革命根据地三者要密切结合。但这一思想并不等同于"农村包围城市"道路理论。1929年在工农武装割据思想的基础上，提出建立红色政权、建立连片苏区。至此，毛泽东关于中国革命道路的思想开始萌发。在此后创建闽西革命根据地的斗争实践中，推动着毛泽东有关中国革命道路思想的深化和升华。在1930年1月5日撰写的《星星之火，可以燎原》一文中，正式阐明了建立农村根据地的重要性，标志着"农村包围城市"道路理论的初步形成。

从以上历史事实中，我们可以深刻地认识到，长汀特别是辛耕别墅红四军前委扩大会议在中国革命道路思想和理论发展过程中具有关键性节点的地位，也可以认识到这次会议在马克思主义中国化的历程中的重要意义。更进一步说，我们还可以从这一重要的历史事件中感悟到战略构想和规划对于事业发展的战略性指引作用。在新时代，我们要深入学习和贯彻习近平新时代中国特色社会主义思想，把中华民族复兴的伟大梦想，扎扎实实地落实在我们的工作之中。

中央苏区"红色小上海"

一、教学主题

中央苏区经济之都——"红色小上海"长汀。

二、教学目的

依托福建省苏维埃政府旧址教学点丰富、直观的历史资源,通过讲解员讲解,使学员了解中央苏区的经济之都——"红色小上海"长汀的历史地位,从中体会经济建设是一切工作的基础,进而发扬苏区的光荣传统,吸取苏区建设的经验,推动新时代的经济社会发展。

三、教学实施

1. 教学导入。学员参观福建省苏维埃政府旧址,由讲解员讲解。
2. 教师现场点评。

福建省苏维埃政府旧址 (董茂慧摄)

中央苏区的经济之都、"红色小上海"——长汀

长汀,历史上称汀州府,是闽西历史最悠久、规模最大、人口最多、商业最繁荣的一座历史古城,是国家历史文化名城。从盛唐到清末均是州、路、府的治所,亦是客家人主要聚居地之一,有"客家大本营"和"客家首府"之称。长汀曾被国际友人路易·艾黎誉为"中国两个最美丽的山城"之一。它的美丽不仅仅是因为山清水秀和历史悠久,更重要的是在中央苏区时期具有举足轻重的地位,留下了"红色小上海"的美誉。

1929年3月,毛泽东、朱德、陈毅率领红四军入闽,解放了长汀。这是红四军创建以来解放的最大的城市。此后不久,由毛泽东亲手创建的闽西、赣南第一个县级红色政权——长汀县革命委员会诞生。1931年9月,红军再次攻占长汀城后,闽西、赣南连成一片,中央苏区形成。

1932年3月18日,福建省第一次工农兵代表大会在这里召开,宣告成立福建省苏维埃政府,选举张鼎丞为主席。这也标志着中央革命根据地进入鼎盛时期。中央革命根据地又称"中央苏区",主要由闽西、赣南红色区域组成。中央苏区是革命根据地中面积最大、人口最多、军事实力最强的一块。

中央苏区时期,当时的中共福建省委、福建省苏维埃政府、福建军区都曾设在长汀,因而长汀成为福建苏区的政治、军事、经济和文化中心,有"红色闽都"之称。

中央苏区时期,福建省苏维埃政府领导苏区人民开展了军事、政治、经济和文化等各方面的建设,尤其是依托了长汀城工商业发达的有利条件,开展了卓有成效的经济建设,取得了巨大成就,使

得长汀成为中央苏区的经济之都。当时的汀州市，商店林立、市场繁荣、航运发达，百业兴旺，成为中央苏区的中心城市和经济文化中心，被誉为"红色小上海"。1931年冬，周恩来从上海来到汀州，惊叹这里的繁荣景象，他在给中央的信中说："汀州的繁盛，简直是全国苏区之冠。"

在战火纷飞的战争年代，在四周白色恐怖包围之中，长汀的"红色小上海"景象是怎么来的？年轻的共产党人在这块红土地上是怎样开拓创新、探索经济建设之路的？

第一，把发展农业作为苏区经济建设的首要任务。苏区政府重视领导开展土地革命，落实土地政策，把农民在土地革命中激发的革命热情引导到农业生产上去。长汀各级苏维埃政府采取互助合作、开垦荒地、改良土壤、兴修水利，推广先进的农业生产技术等一系列有力措施，使农业生产得到很大恢复和发展，粮食产量有了普遍的提高，保障了军粮供应，农民的生活条件也得到了极大的改善。

第二，把发展工业作为苏区经济建设的重中之重。一是发展公营工业。红军和苏维埃政府建立的工厂主要有红军被服厂、红军斗笠厂、红军兵工厂、中华织布厂、汀州弹棉厂及印刷厂、造纸厂等公营企业，这些公营企业，构成了中央苏区的骨干工业体系。二是把各行业个体手工业者组织起来，创办各种生产合作社。有造船、农具、织袜、铸锅、雨伞、油布、烟丝、染布、陶器、制糖、榨油、锡纸、硝盐、樟脑、酱油、竹器、木器、砖瓦、石灰、缝衣、竹篾、豆腐等各类生产合作社总计有170多个、工人12000多人。长汀的手工业、公营工业占了整个苏区工业的一半多。因此，长汀是一个主要的手工业、公营工业城市。

第三，把建立财政金融作为苏区经济建设的重要支柱。福建省苏维埃政府创造性地探索了一套全新的财政金融体系。一方面，大力组织财政收入，使苏维埃政府的财政来源有较为稳固的基础。财政来源包括打土豪筹款和战争缴获，建立税收制度，发展国民经济，发行公债等；另一方面，办好闽西工农银行，实行低息借贷，扶助农、工、商业发展。闽西工农银行是中国共产党在土地革命时期建立最早、制度最完善、存在时间最长的股份制银行。1932年3月中华苏维埃共和国国家银行成立后，以闽西工农银行为基础，成立了国家银行福建省分行，与闽西工农银行在长汀城作为商业性政策性银行"并行"营业。

第四，把开展对外贸易作为苏区经济建设的重要工作。苏区对外贸易主要是对国民党统治区的贸易，长汀是苏区对外贸易的重镇。苏维埃政府发动群众，拓宽各种渠道，实施对外贸易，尤其是利用汀江这一沟通苏区和白区贸易的水上"大动脉"。一方面将苏区大宗的粮食、土纸、香菇、烟叶、竹、杉木、樟脑、红糖等土特产，运到潮汕、上海、广州、佛山等地；另一方面又将食盐、西药、煤油、棉花、棉布、印刷油墨材料等苏区急需的用品经过伪装源源不断地从上海、潮汕运回长汀，再发送到苏区各地。同时苏区政府制定了一系列保护和鼓励私营经济的政策和措施，保护中小工商业者，从而使长汀的私人商业发展很快。苏区政府还开辟红色圩场，活跃城乡物资交流。当时汀州城有两处红色米市场，仅大米一项，每天交易量就达六七万斤，赶集人数达上万人。长汀因此成为中央苏区主要的农副产品集散地。

长汀苏区的经济发展，对打破敌人的经济封锁，改善人民生活，支援革命战争，保障中央苏区的物资供应，促进整个中央苏区的经济建设，巩固苏维埃政权，发挥了重要作用，也为社会主义时期的

闽西红色培训现场教学点点评词

工商业发展提供了宝贵的历史经验。

中央苏区时期党的中心任务是动员广大群众参加革命战争,但是党和苏区政府仍然高度重视经济建设,采取了很多措施发展经济,提高老百姓的生活水平,从而有力地支持了革命战争。正如毛泽东在《才溪乡调查》中所说:"这样大数量地扩大红军,如果不从经济上、生产上去彻底解决问题,是决然办不到的。只有拿经济上的动员配合着政治上的动员,才能造成扩大红军的热潮。"

中国共产党要承担起实现中华民族伟大复兴的历史重任,就必须重视解放和发展生产力,就必须把发展作为执政兴国的第一要务。离开发展,坚持党的先进性、发挥社会主义制度的优越性和实现民富国强都无从谈起。离开发展,全面建成小康社会,实现社会主义现代化,实现中华民族的复兴之梦都将成为空谈。因此,我们只有紧紧抓住经济建设这个中心不动摇,在经济发展的基础上不断提高人民生活水平,才能凝聚全国人民的力量,同心同德,同舟共济,战胜困难,夺取胜利。

瞿秋白烈士纪念园

一、教学主题

一个共产党员的崇高气节。

二、教学目的

依托瞿秋白烈士纪念馆教学点丰富、直观的历史资源,通过讲解员讲解,使学员了解瞿秋白的生平及其崇高气节,进而增强党员干部的党性,坚定理想信念,推动新时代改革发展。

三、教学实施

1. 教学导入。参观瞿秋白烈士纪念馆和瞿秋白烈士纪念碑,由讲解员讲解瞿秋白生平。
2. 教师现场点评。

瞿秋白烈士纪念园 (张永辉摄)

一个共产党员的崇高气节

瞿秋白是一个伟大的马克思主义者,中国共产党早期的主要领导人之一,卓越的无产阶级革命家、理论家和宣传家,中国革命文学事业的重要奠基者之一。

今天,我们怀念他,敬仰他,是因为他身上体现了中国共产党人的崇高气节。气节是共产党员所坚持的信仰追求和价值尺度。昔有孟子提出"浩然正气",孟子说:"富贵不能淫,贫贱不能移,威武不能屈,此之谓大丈夫。"毛泽东曾用"骨气"这个词来称呼气节之士。他说"我们中国人是有骨气的",并说闻一多、朱自清、瞿秋白……都有资格称为有骨气的中国人。毛泽东曾经这样评价瞿秋白:"瞿秋白生前,许多人不了解他,或者反对他,但他为人民工作的勇气并没有挫下来。他在革命困难的年月里坚持了英雄的立场,宁愿向刽子手的屠刀走去,不愿屈服。他的这种为人民工作的精神,这种临难不屈的意志和他在文字中保存下来的思想,将永远活着,不会死去。"

瞿秋白的骨气首先源于他为了国家的独立和民族的解放,勇于探索、不折不挠的精神。20世纪20年代,为了改变国家积贫积弱、受人欺凌的现状,他毅然只身奔赴苏俄,寻找救国救民的光明之路。在苏俄的两年中,他进行了大量革命工作和广泛的社会活动。他认真学习马列主义,深入考察苏俄的社会生活,也促使他成为一个坚定的马克思主义者。瞿秋白从参加革命活动起,就一直站在斗争的最前列。

他的一生都在热烈追求革命的真理,认真地研究和宣传马列主义,努力把马列主义运用于中国革命的实践,在茫茫黑夜中进行艰苦卓绝的革命斗争，把中国人民的革命事业推向前进，把苦难的中国引向光明。这就是他的勇于探索、不折不挠的开拓精神。

瞿秋白的骨气，还在于他坚持党性、勇于自剖的律己精神。在他短暂的革命生涯中，他始终坚持真理，不畏权势。在1925年至1927年，在大革命处于紧急关头，他挺身而出，和党内站在正确路线方面的同志一起，挽救了中国革命，挽救了党。他主持召开了"八七"会议，毫无畏惧地批评和纠正了陈独秀的右倾机会主义错误。"八七"会议结束了陈独秀的右倾机会主义在中央的统治，确立了土地革命和武装反抗国民党反动派的总方针，并把举行秋收起义作为当时党的最主要任务，拨正中国革命的航向。

瞿秋白待人真诚，实事求是，对犯错误的人主张公正地评价其功过是非。他心胸坦荡，光明正大。他既敢于勇敢地和敌人战斗，无所畏惧，尤其可贵的是，他也敢于无情地解剖自己。

瞿秋白被捕后在狱中写下《多余的话》。文中并没有谈及党的这些内部斗争，没有谈及当时党中央（王明等控制的）及共产国际的错误，只字不提自己所受到的残酷斗争和无情打击；他提出死后要解剖他的遗体，因为他有严重的肺病。他在灵魂上也用马克思主义的利刃，在冷静中理智地、细致地、深刻地剖析着自己的灵魂，挖掘自己思想矛盾的根源，把自己的弱点、缺点、教训放在显微镜下，坦然地尽心地交给党，交给人民，交给后代。更可见他的坦荡无私，光明磊落，求全责备自己的精神之可贵。他的这种自我解剖精神具有特别重大的现实意义。

瞿秋白的骨气，还在于他坚定信念、视死如归的献身精神。瞿秋白始终坚定革命的崇高理想，并矢志不渝为之奋斗。他酷爱文学，从他的禀赋、爱好来看，他搞文学要比搞政治更得心应手，然而为了革命的需要，他个人的志愿服从了大众的事业，毅然选择了政治。后来，在受王明集团排斥，离开政治舞台之后，他主动投身于左翼文艺阵线，取得了辉煌的成就。然而当中央需要他到苏区工作的时候，他毫不犹豫又一次放弃了自己钟爱的文学。他曾说："我们的不自由是为群众的自由，我们的死是为了群众的生。"

面对国民党的软硬兼施，他不为所动，为革命献身的初衷未改。敌人用尽了一切手段，都没有能够动摇瞿秋白坚贞的革命意志和革命气节。他还说："人爱自己的历史，比鸟爱自己的翅膀更厉害，请勿撕破我的历史。"他表示自己"情愿作一个不识时务的笨拙人，不愿做个出卖自己灵魂的识时务者"。

在赴刑场途中，他一路轮流高歌俄语、华语"英特耐雄纳尔一定要实现"。他说："人之公余为小快乐，夜间安眠为大快乐，辞世长逝为真快乐！我们共产党人的哲学，就是鞠躬尽瘁，死而后已。"

最后，他盘膝而坐，对刽子手微笑点头说"此地甚好，开枪吧"。他只提了两个要求，一个是不要跪着，盘地而坐，从正面开枪；二是不要打头。36岁的瞿秋白饮弹洒血，壮烈牺牲。一个看似清瘦斯文、弱不禁风的人，为什么在敌人各种威逼下坦然面对，在敌人的屠刀下从容就义，因为他明白了生死大义和信念的价值，他就得到了最大的从容和最为有力的支持。敌人可以消灭一个革命者的肉体，但是正如鲁迅先生指出的那样："瞿秋白的革命精神和为党为人民的崇高品格是杀不掉的，是永生的！"他用傲人才华高唱了一曲共产主义的赞歌，用铮铮铁骨铸造了一座民族脊梁的丰碑，用激情生命诠释了属于共产党人的崇高气节。

先烈的鲜血，换来了今天的和平。在市场经济飞速发展的当今时代，一些人为了一时之利、一己之私，或媚官，媚钱，媚洋，或媚色，丧失了人格、气节，成了"软骨人"。浩然气节是新时期共产党人应秉持的精神品质。胸中没有浩然正气，就抵御不了灯红酒绿的诱惑和糖衣炮弹的袭击。革命先烈能有不同于一般人的高境界、高气节，根本原因在于树立了比一般人更崇高的理想。正如习近平总书记指出："坚定理想信念，坚守共产党人精神追求，始终是共产党人安身立命的根本……理想信念就是共产党人精神上的'钙'，没有理想信念，理想信念不坚定，精神上就会'缺钙'，就会得'软骨病'。"个人的荣辱甚至个人的生命都是渺小的，只有把渺小的生命毫无保留地交给伟大的事业，才能实现真正的人生升华。

闽西红色培训现场教学点点评词

杨成武纪念馆

一、教学主题

一代名将杨成武。

二、教学目的

依托杨成武纪念广场教学点丰富、直观的历史资源，通过讲解员讲解，使学员了解杨成武革命的一生。通过教师现场点评，使学员了解一代名将的成长过程，学习革命前辈的革命精神和崇高品德。

三、教学实施

1. 教学导入。参观杨成武纪念馆、瞻仰杨成武纪念铜像，由讲解员讲解杨成武生平。

2. 教师现场点评。

杨成武纪念馆（黄晓彬摄）

闽西骄子 一代名将

1927年南昌起义之后，共产党人在长汀播撒了革命的火种。1929年，毛泽东、朱德率领红四军来到长汀，建立了长汀县革命政权。长汀成为中央苏区的重要组成部分，为革命事业作出了杰出贡献。仅长汀就有17200多名工农子弟参加红军。这一年，杨成武和许多闽西子弟一样积极投身革命，从此开始了他富有传奇色彩的革命生涯。杨成武的光辉一生，可以从三个方面重点讲述。

一、坚定信仰，忠心报国

杨成武自15岁参加革命以来，就坚信只有中国共产党才能救中国，才能让贫苦大众过上好日子。在革命斗争中，他始终坚持中国共产党对军队的绝对领导。他说部队战斗力的提高要靠平时坚强的党的领导、坚强的政治工作。他曾经这样说："我是在毛泽东、朱德领导的红四军锻炼成长起来的，是在古田会议精神指导下前进的。是古田会议，是毛泽东和朱德把我由一个不懂事的学生，培养成红军的初级指挥员。"

正是有了坚定的信念和必胜的决心，他指挥的部队中涌现出"狼牙山五壮士"英雄群体，成为中华民族不畏强暴、抵御侵略、舍生取义的精神象征。

杨成武身经百战，历尽艰辛，多次身受重伤。然而任何艰难困苦也不能动摇他的革命意志。"文化大革命"中，杨成武受到林彪、"四人帮"反革命集团的残酷迫害，他和家人被关押、监禁6年半之久，三位亲人被折磨致死。他临大节不改初衷，遇逆流毫不退缩，在严酷的环境中，始终坚信党、坚信共产主义，同林彪、"四人帮"

反革命集团进行了坚决的斗争。

二、机动灵活，屡建奇功

毛泽东称杨成武是一名"福将"，一切困难都"逢杨必化"。杨成武将军凭借着勇敢、机智和冷静的作战风格，面对困难勇于迎难而上，"能打仗，打胜仗"。他创造了许多战争史上的经典案例。

年仅17岁的杨成武任第十一师三十二团政治委员，在没有团长的情况下，出色地完成了战斗任务。被当时军团政委聂荣臻称为"模范团政治委员"。毛泽东第一次见到他，就称赞道："你是团政委啊，这么年轻。"后来，杨成武任红四团政委，其前身就是赫赫有名的参加过彪炳史册的南昌起义的叶挺独立团，可见组织对杨成武的信任。

在二万五千里长征中，他率领英雄的红四团一直担任前卫任务。一路上逢山开路，遇水架桥，抢关夺隘，进行了许多著名的战役战斗。在飞夺泸定桥的战斗中，他率红四团沿着崎岖山路，一昼夜奔袭240里，经激战奇迹般地夺取泸定桥，使中央红军转危为安。在过草地时，根据毛泽东的亲自布置，红四团为先锋团，他率部在充满死亡恐怖的水草地中整整滚爬了6天6夜，终于为全军踏出了一条北上道路。在腊子口战斗中，他巧用奇兵，以正面强攻，侧翼攀缘绝壁迂回的战法，一举突破天险。聂荣臻同志高度评价："腊子口一打开，全盘都走活了。"

除了与敌人正面交锋，杨成武利用伪装，在一天中不费一枪一弹智取禄劝、武定、元谋3个县城，巧渡金沙江，足见他的机智和勇敢。

三、深入调研，依靠群众

人们都说杨成武治兵有道，强军有方。这和他的工作方法有很大的关系。杨成武说，带兵打仗一定要做好调研工作。对于敌情、地形、部队情况和社会情况要做到心中有数，要天天摸，天天琢磨，不能间断。平日里杨成武就喜欢把地图挂起来，搬个凳子坐下来，对着地图看，闭上眼睛，心中有活地图。正是凭借着他求真务实、深入调研的工作作风，才"能打仗，打胜仗"。正是凭借着对地形的熟悉和准备工作充分，1939年11月初，他率部在雁宿崖地区伏击，歼灭日军500余人。面对日军前来报复时，他又指挥部队进行了著名的黄土岭伏击战，并击毙了被日军称为"名将之花"的阿部规秀中将。这是八路军在抗日战争中击毙的日军最高将领。

1944年，在日军细碎分割、严密封锁、疯狂清剿且无险可守的冀中平原上，他广泛发动群众，依靠群众，领导根据地军民创造性地运用地雷战、地道战、交通战、平原游击战、水上游击战等人民战争的新战法，形成"层层火阵烧野牛"的局面，为大反攻作战建立起战略基地。他撰写的《冀中平原的地道斗争》一书，作为秘密文件油印下发，成为冀中地道战的指导性文件。

杨成武将军和许多优秀的共产主义战士一样，在血与火的革命斗争岁月中，凭借的是踏石留印、抓铁有痕的狠劲，滴水穿石、铁杵磨针的韧劲，逢山开路、遇水架桥的闯劲，使自己逐渐成长为一名坚定的共产主义革命战士。

今天，在中国特色社会主义新时代的征程上，我们要进一步把杨成武将军的革命精神传承好，以老一辈无产阶级革命家的崇高精神品格来提振我们干事创业的精气神。

中央苏区红色医院——福音医院旧址

一、教学主题

傅连暲从基督徒到革命者的历程。

二、教学目的

依托福音医院教学点丰富、直观的历史资源,通过讲解和现场点评,使学员了解傅连暲从一位基督徒走上革命道路所经历的血与火的洗礼,进一步思考是什么促使旧中国的知识分子走向进步走向革命的道路,进而提升对党的宣传教育工作和知识分子政策重要性的认识,树立重视知识、重视人才的观念。

三、教学实施

1. 教学导入。学员参观福音医院,由讲解员讲解傅连暲的生平事迹。

2. 教师现场点评。

中央苏区红色医院——福音医院旧址 (黄晓彬摄)

傅连暲从基督徒到革命者的历程

刚才大家参观了福音医院,了解了傅连暲光辉的一生。他从一名虔诚的基督教徒走上革命道路,在革命的洗礼中成长为新中国开国中将,他是中国知识分子走上革命道路的一面鲜艳旗帜。在40多年的革命生涯中,他为中国人民的解放事业,为党和军队的医疗卫生事业都作出了不可磨灭的贡献。毛泽东称赞他是我党第一个红色医生,陈毅也说他对党是有功劳的。谢觉哉的评价更高,用了这样一句话来赞扬:"寿人寿国功在党,傅公名应列首榜。"由此可以看出傅连暲的功绩。

傅连暲出生在基督教徒之家,他从一名虔诚的基督教徒转变为一名优秀的共产党员,可以说经历了血与火的考验,经历了世界观、人生观的巨大转变。他出生贫苦,父母流落到汀州城谋生,从小随父母加入了基督教会并入读教会学校,因而他"对于地主、资本家很反感,对劳动人民很同情"。正是对人民疾苦的同情和对国家前途命运的关注,促使傅连暲在人生的道路上不断地探求救国救民的真谛。起初,因为受基督教义的影响和穷人就医难的事实,他立志用人道主义加高明的医术为社会服务。但是,经过多年的从医实践后,他深感劳动人民的真正病因是贫穷,认识到"治病首先要治国,国不治则病难除"的道理。1927年9月南昌起义军途经汀州时,发动汀州所有医务人员成立"合组医院",无偿医治300多名伤病员。此后,傅连暲以其社会职业作掩护,积极从事革命工作。1929年3月,毛泽东、朱德率领红四军入闽解放汀州城后,领导福音医院大量收治红军伤病员。在他投身中国共产党领导的革命斗争中,逐步认识到"红军是为人民利益奋斗的真正人民军队",红军"指明了以中华

闽西红色培训现场教学点点评词

民族和中国人民大众之解放的道路",世界观逐步改变。

1932年冬,在汀州养病的四个多月中,毛泽东更是用深入浅出的革命道理和行动深深影响了傅连暲,使他真正懂得了一个革命者应该有怎样的雄心壮志,应该怎样勇敢地为人民而献身,从而最终坚定了他走上革命道路的信念。1938年9月7日,傅连暲终于加入了中国共产党,成为无产阶级先锋队的一员。

傅连暲在40多年的革命生涯中,对中国革命卫生事业做出了极大的贡献。他从1927年起就将教会医院变为替共产党领导的军队服务的医院,救治了包括陈赓、徐特立、伍修权、王稼祥、蔡树藩、周以栗、伍中豪等重要将领在内的大批红军伤病员,同时,他以特殊身份为党做了不少的秘密工作。1933年初,他把价值两千大洋的巨额药品全部捐献给党和红军,被称作是"苏区第一模范"。他多次为毛泽东治病,特别是在第五次反"围剿"的紧急关头,治愈了毛泽东的恶性痢疾,为党立了一大功。长征途中,他积极为中央领导和广大指战员治病,并为红四方面军防御和战胜伤寒病做出重大的贡献。延安时期,他筹建了多所医院,积极倡导开展陕甘宁边区防疫卫生运动,为改变边区卫生面貌,发展边区卫生事业作出了积极的贡献。新中国成立后,他为做好中央保健工作和中华医学会工作殚精竭虑。在抗美援朝时期,为粉碎敌人的细菌战争,他在开展爱国卫生运动等方面都作出了不懈的努力和重大的贡献。

傅连暲不仅有精湛的医术,他的精神风范也堪称医界楷模。可以说,他是一位充满爱国主义思想的知识分子典型,对党无限忠诚,虽历经坎坷磨难,却始终坚定共产主义信念。王明"左"倾冒险主义在中央革命根据地全面贯彻时,傅连暲遭受打击,被打成AB团分子。长征后不久,由于"左"的错误,傅连暲的女儿女婿死在自己人设的刑场上。当时很多人都认为他经受不了这次斗争对他的打击，会悲观失望，对革命前途丧失信心。在悲痛中，他思索着自己所走过的历程，认为党虽然也存在缺点、错误，但他始终坚信自己选择的路是对的，坚信我们党能够在纠正自己失误的过程中成熟起来，打开中国革命的新局面。在"文化大革命"期间，他遭受迫害，但他始终坚定信念，相信共产主义事业是最伟大的事业。傅连暲在生前一直要求把自己的遗体用于医学解剖，以尽自己最后的一点微薄之力。令人痛惜的是在 1968 年 3 月 29 日，傅连暲含恨屈死于监狱，尸骨无存。一个用全身心的爱拯救了无数生灵的共和国功臣就此陨落，但是他的浩然正气，他对党对祖国对人民的爱却永存人间。

是什么，让一个虔诚的基督徒转变为坚定的革命者？是共产党救国救民的真理，是无数共产党员为国家为民族英勇献身的壮举，是老一辈无产阶级革命家崇高的道德风范。战争年代离我们远去，傅连暲的冤案也早已平反昭雪。"文化大革命"的悲剧再也不能重演了。在新时代，我们应当吸取历史教训，更加尊重知识，尊重人才，努力做到"要择天下英才而用之"，要在全社会大兴识才、爱才、敬才、用才之风，真正落实人才强国的战略任务。

闽西红色培训现场教学点点评词

中央主力红军长征出发地——中复村

一、教学主题

雄关漫道寄深情。

二、教学目的

依托中复村真实、丰富而感人的历史资源,通过讲解员的讲解和教师的现场点评,再现红军长征前依依惜别的军民鱼水情和战士出征前的悲壮豪情,使学员心灵受到震撼,思想受到洗礼,更加珍惜今天的和平,进而继承先辈革命精神,更好地为国家的强盛和人民的幸福作贡献。

三、教学实施

1. 教学导入。学员参观红军广场,由讲解员讲解。

2. 教师现场点评。《红军桥·连心桥·英雄桥》和《雄关漫道寄深情》两个点评方案备选。

中复村红军桥 (李国潮摄)

红军桥·连心桥·英雄桥

——中复村红军征兵处旧址"接龙桥"

这座客家廊桥,被当地百姓称为"红军桥"。中央苏区时期,这里是红军征兵处,也是红军为百姓义务治病的地方。在当时老百姓的心中,这是一座连接红军、区苏政府与劳苦大众的连心桥。

1931年,红屋区苏维埃政府在中复村成立以后,这座廊桥便成为红军、区苏干部密切联系群众,为劳苦大众排忧解难的一个重要场所。在这里,红军、区苏干部经常分发打土豪缴获的物品,送来救命粮、救命盐,劳苦大众为之欢呼雀跃,高呼"红军万岁"。在这里,苏维埃政府经常组织最好的医生为百姓免费治病拿药,使许多百姓免受病痛折磨。苏区群众用当地山歌表达自己的感激和喜悦之情:"红军来了喜连连,接龙桥上人堆人,送粮送盐送医药,不是亲人胜亲人。"

红军桥也是老百姓和红军团结一心、亲如一家的历史见证。在松毛岭阻击战期间,为了支持革命支援红军,长汀苏区的老百姓积极开展"每个工农群众努力节约三升米充补红军战争费用"活动。他们挤出自己不多的口粮,将稻谷、大米、芋头、地瓜片、地瓜干、腌菜,甚至谷种、芋种,源源不断地运到这里,确保参战的红军战士能吃饱饭,有气力杀敌立功。可以说,红军桥演绎了一个个军民鱼水情深、生死相依的动人故事。

红军桥,更是一座护送成千上万苏区热血青年慷慨奔赴反"围剿"战场的不归桥、英雄桥。红军和苏维埃政府设在这里的红军征兵处,吸引了数以千计的红屋区好儿郎踊跃参加红军,当时这些苏区优秀儿女在跨出廊桥的那一刻,就已经走上了一条为革命赴汤蹈

闽西红色培训现场教学点点评词

火、九死一生的不归路。

当年,在红军桥前桥的四根木柱上都分别画有一条征兵时用于丈量身高的红色标线。这条线和带刺刀的枪一样高,青年达到这个高度就可参加红军了。苏区青年明知此去凶多吉少,却依然慷慨赴死,绝不回头!

第五次反"围剿"期间,红军和苏维埃政府在廊桥窗户上方的木板上写下了"救国不分男女老幼"八个遒劲有力的大字,历经80年的风吹雨打,这些文字至今依然清晰可见,依然震撼人心!

当时,红军和苏维埃政府一边在这里征兵,一边在离桥不远的戏台进行扩红宣传。这座历经沧桑的风雨廊桥,见证了当年一幕幕"父送子,妻送夫,兄弟争相当红军"的感人场景,许多故事到今天仍然催人泪下。

保卫松毛岭,就是保卫苏维埃,保卫汀州,保卫瑞金!松毛岭阻击战最激烈的时候,红军伤亡很大,急需兵员补充。红屋区裁判部部长钟大兴模范带头,他振臂高呼:"共产党员和不怕死的跟我走!"在他的带领下,红屋区200多名热血男儿参加了红军,义无反顾地奔赴炮火连天、血腥弥漫的松毛岭战场。其中,一位年仅14周岁、稚气未脱的少年,在危难时刻参加红军,连名字都没来得及留下就和部队匆匆走上松毛岭,在战斗中牺牲。

塘背乡苏贫农团有一个叫罗云然的老人,有六个儿子,老大、老二、老三都是老人亲自送他们到接龙桥参加红军的,不幸的是,他的三个儿子先后牺牲在反"围剿"战场上。当得知松毛岭战斗形势严峻,他再一次义无反顾地将剩下的三个儿子送到征兵处报名参军。区苏主席蔡信书动情地对他说:"老罗,你就留个最小的儿子在身边吧!"罗云然老人却坚定地说:"蔡主席,若不是红军来了分给我们家田地的话，孩子们早就饿死了，没有苏维埃就没有他们啊。我和三个孩子商量好了，就是断了香火，也要跟着红军干革命！"最终，罗云然老人的六个儿子全部为革命壮烈牺牲。这"六子当兵"的故事就是当年苏区扩红中的一个典型代表。

钟屋村的钟根基，是一位经历过长征、抗日战争、解放战争和"抗美援朝"的老战士。就是在这座廊桥上，钟根基等17位同村的热血青年，一同报名参加红军，出发前他们跪地起誓：谁活着回来，谁就要为他们的父母尽孝！战争是无情的，17位热血青年在残酷的革命战争中，不断有人牺牲，最后仅剩下钟根基一人活着。1954年，当他参加完抗美援朝回国后，已是正团级军官的他，再也待不住了，为了20年前那个承诺，他想尽办法，甚至不惜触犯军纪，坚持离开部队转业回家。他拒绝了组织上的工作安排，坚持回乡务农，面对村民们的不理解，钟根基心里明白：自己抛弃视如生命的军旅生涯回到老家扎根，为的就是当年许下的那个誓言——替生死与共的兄弟们尽孝！几十年来除了在物质上帮助当年16位兄弟家庭外，只要哪个兄弟的父母去世，他就去做孝子，帮忙入殓抬丧；遇到哪位兄弟的父母需要二次安葬，他就主动前往帮忙。后来，甚至不论本村还是邻村，只要有老人过世，他都主动帮忙抬丧，成了一名不折不扣的"扛丧子"。

在当地，抬丧——扛棺材是最被人看不起的。但钟根基却毫不在意。他说："我能活着尽孝就是最大的幸福。""扛丧子"的职业，他一干就是30多年，直到他年老体迈，耳聋背驼，干不动为止！

因为从事这个职业，钟根基老人终身未娶。1960年，他收养了两个失去父母的女婴，并含辛茹苦把她们抚养成人。20世纪末，钟根基老人离世前留下了最后一句话："我死后，请把军功章让我全

闽西红色培训现场教学点点评词

部带走,因为它们是我们17个兄弟用命换来的,我要把这些军功章还给他们!"

80多年风雨飘过,廊桥依旧屹立着。据不完全统计,在革命战争年代,先后从这座红军桥上走上长征道路的有红军东方军、红一军团、红五军团、红九军团、北上抗日先遣队、红二十四师及福建军区所属部队等十多万人;从这座红军桥上穿上红军军装,走上革命道路的当地青年有四五千人;从这座红军桥上走过的共和国开国元勋有毛泽东、朱德、周恩来、刘少奇、张闻天、王稼祥等,还有彭德怀、林彪、聂荣臻、罗荣桓、叶剑英、粟裕、谭政、萧劲光、杨尚昆、杨得志、耿飚、杨成武等数百位共和国开国将领。

今天,我们站在红军桥上,心里不禁要问:是什么力量让人民群众倾其所有,甚至不惜牺牲自己的生命,去帮助红军、支援红军、保卫我们的红色政权?对这一问题,早在1933年冬,毛泽东就在《关心群众生活,注意工作方法》一文中给出了答案。他指出:"真正的铜墙铁壁是什么?是群众,是千百万真心实意拥护革命的群众!"毛泽东在这篇文章中写道,只有"真心实意地为群众谋利益",才能"使广大群众认识到我们是代表他们的利益的,是和他们呼吸相通的",如果我们这样做了,"广大群众就必定拥护我们,把革命当作他们的生命,把革命当作他们无上光荣的旗帜。国民党要来进攻红色区域,广大群众就要用生命同国民党决斗"。

毛泽东同志的论述,生动形象地说明了革命事业只有相信人民群众,依靠人民群众,为了人民群众的利益,才能获得人民群众的拥护,也才能筑起保卫革命事业胜利发展的铜墙铁壁!

雄关漫道寄深情

眼前这座古香古色的客家祠堂就是全国重点文物保护单位——观寿公祠。它是松毛岭战斗红军总指挥部、红九军团长征出发地旧址。

观寿公祠,是钟氏后裔为纪念他们的开基祖观寿公而兴建的,始建于明末,迄今已有400多年历史。公祠的门楼为五凤楼结构,当地人把它称为阿雀巢,是长汀十大门楼之一,也是客家宗祠建筑的典范。观寿公祠不仅是一座有名的客家宗祠建筑,更是一座承载了苏区时期光荣历史的革命旧址,见证了当年红军和闽西乡亲团结一心、亲如一家的血肉深情。

1932年5月,红军取得攻打漳州的胜利。毛泽东、朱德率领红四军返回长汀途中,在钟屋村宿营,并在观寿公祠召开了红屋区苏干部座谈会,当得知红屋区苏的支前工作在区苏妇女主席蔡嬷的带

观寿公祠 (李国潮摄)

闽西红色培训现场教学点点评词

领下做出很大成绩时，毛泽东竖起了大拇指说："你们很了不起啊！我毛泽东要代表红军感谢你们啊！"毛泽东还问蔡嬷"你叫什么名字啊？"当毛泽东听到"蔡嬷"两个字时，便笑笑说："我知道，闽西客家人喜欢把妇女称作嬷，但我觉得这个'嬷'字么，可不大好听，有些歧视的意思。这样吧，我给你改个名字好不好？你就叫蔡军花吧，意思就是红军中的花木兰。"在场的人听后都连声称好。从此，蔡嬷就有了一个响亮的革命名字——蔡军花。

1934年秋，松毛岭战役打响。观寿公祠成为红军总指挥部。朱德、林彪、聂荣臻、罗荣桓、左权、罗炳辉、蔡树潘等，曾先后在这里指挥过温坊战斗和松毛岭阻击战。透过这些斑驳的墙壁，我们仿佛看到当年那硝烟战火中的繁忙的景象——作战参谋们穿梭忙碌，电话铃声不断响起，红军指战员不停地听取来自各阵地的战况汇报，发报机滴滴答答的声响，把一个又一个命令从这里发出……

弹指一挥间，80多个春秋过去，可是闽西老区人民永远也不会忘记，红九军团当年就是在观寿公祠门前的这个大坪里吹响长征号角的。这块坪地就是当年红九军团长征万人誓师大会及红九军团二万五千里长征零公里处。

1934年9月30日上午，松毛岭仍然硝烟笼罩，炮声隆隆，来不及擦去身上血迹的红九军团的将士们，接到马上转移的紧急命令。红九军团当即在这个大草坪上召集了由红军、赤卫模范队员、少先队员和群众等参加的万人誓师大会。会上，红军还把300余支枪发给了红屋区的赤卫模范连和少先队。大会由钟屋村苏维埃政府主席蔡信书主持，他含着泪对大家说："松毛岭不会倒，松树倒了，明年春天还会长。我们一定要坚强！"红九军团参谋长郭天民饱含深情地说："乡亲们，红军马上就要转移去执行新的任务了，我们走后，你们一定要做好坚壁清野……我们还要打回来的!"

当天下午,雷声滚滚,乌云密布,天空下起了小雨。红九军团及红屋区赤卫模范连、少先队在这个大坪里集结,准备转移。得知红军即将转移的消息,乡亲们冒着绵绵细雨,拿着鸡蛋、花生、地瓜干、草鞋、布鞋,从四面涌来送别自己的亲人。蔡冬莲送儿子钟童生,蔡四嬷送丈夫钟才登,上官音妹送丈夫钟百寿,何香妹送丈夫钟则林,一天前才新婚的赖二妹送丈夫钟奋然……千叮咛,万嘱咐,那依依不舍、生离死别的情景,让人肝肠寸断,泪流满面。送行的队伍中,有人还低声地唱起了悲怆感人的山歌:"郎当红军莫念家,专心革命走天涯;十年八载不算久,打倒反动再回来。"

一时间,观寿公祠前离愁满天,马蹄声碎,唢呐声咽。下午3时,红九军团兵分两路,开始战略大转移,红屋区赤卫模范连、少先队也加入红军一起转移。长窠村的妇女涂从孜赶来送丈夫钟大廷时,部队已经出发,她手拿布鞋,一边追一边哭喊着丈夫的名字。终于,她在钟屋村村口的甲水桥追上了丈夫。不承想,这却是他们夫妻俩相见的最后一面。

浴血奋战了七天七夜的红九军团,来不及掩埋牺牲在松毛岭上的战友,就这样冒着蒙蒙细雨,在隆隆的炮声中,在亲人难以割舍的目光里,离开了钟屋村,开始了长征。

当年,钟屋村一带的群众跟随红军长征的就有六七百人,他们几乎都杳无音信、没再回来。2006年,何香妹老人含泪接受记者采访时,忆起当年送别丈夫的情景,仍清晰地记得:"临走时,他叮嘱我,要照顾好父母,听父母的话,他一定会回来的。可是,这一别,我们却只能在梦里相见了……"

长征的胜利使中国革命有了新的起点,锻造出一支无坚不摧的

闽西红色培训现场教学点点评词

革命队伍,也造就了以不屈不挠、艰苦奋斗、众志成城、无私奉献为标志的长征精神。

松毛岭上的硝烟,长征的号角已经远去。今天,我们再次走近这段历史,是为了缅怀无数为中国革命胜利而英勇献身的英烈们;是为了铭记老一辈无产阶级革命家和革命先辈战胜无数艰难险阻,开创中国革命事业新局面的丰功伟绩。他们的伟大功绩与日月同辉,与江河同在!

伟大的苏区精神和长征精神永照千秋。让我们继承先辈的遗志,传承红色基因,牢记历史使命,在中华民族伟大复兴的新长征路上阔步前行!

09　连城县教学点

项如安摄

"新泉整训"旧址群

一、教学主题

正确处理党内矛盾,增强党的团结统一。

二、教学目的

依托"新泉整训"旧址群教学点红色历史资源,帮助学员深入了解在新泉整训期间,毛泽东、朱德、陈毅等无产阶级革命家对建立人民军队的探索与实践,充分认识新泉整训的历史意义,进而正确认识处理党内矛盾的重要性,自觉维护党的团结统一。

三、教学实施

1. 情景教学。在新泉整训旧址万人台操场集合、列队和军训。
2. 教师现场点评。

红四军前委机关和政治部旧址——望云草室 (新泉整训纪念馆供稿)

正确处理党内矛盾，增强党的团结统一

党的团结统一，是党的生命，是党的力量所在和取得胜利的重要保证。维护党的团结和统一，必须正视并正确处理党内矛盾。古田会议能成功召开，是与之前红四军在新泉开展了一次重要的整训活动，正确处理好各种矛盾，统一了党内军内思想分不开的。

古田会议召开之前，在红四军党内，非无产阶级思想普遍存在着，如单纯军事观点、极端民主化、非组织观点、绝对平均主义、主观主义、个人主义、流寇思想等等，给红四军党内和军队产生极大危害。而在如何解决这些矛盾问题上，红四军党内的认识不统一，出现了思想分歧，并出现了"朱毛论争"。而且这一争论从下井冈山开始到进入闽西半年多的时间中，都一直困扰着红四军。为了解决党内思想矛盾，清除各种非无产阶级思想，红四军进入闽西后，召开了党内的七大和八大，但都没有解决这个重大问题。

红四军党的七大以后，陈毅去上海向中央作了汇报。在中央的指导下，陈毅终于认清了争论的是非曲直。1929年12月3日，在拥护中央来信基础上已经达成思想统一的毛泽东、朱德、陈毅率红四军再次来到连城新泉（之前曾经两次到过新泉），共同携起手来，对全军进行了10多天的政治、军事整训。整训的过程，实际上是根据中央"九月来信"的精神，在全军党内展开的一次党委集中指导下充分发扬民主的整训活动，包括政治整训和军事整训。政治整训旨在明确红军的主要任务，自觉克服非无产阶级思想，纠正旧军阀作风。针对前期出现的问题，主要开展了三方面的工作：一是举行各种调查会，摸清部队官兵中存在的思想问题及其根源，为纠正各种非无产阶级思想提供第一手材料。二是开展思想教育运动，以中央

"九月来信"精神为指导,统一思想。特别是对前期出现的各种非无产阶级思想问题进行了分析。三是加强组织纪律教育。军事整训旨在加强官兵军事素质和提高战斗力。

整训期间,毛泽东、朱德、陈毅等坚持群众路线的作风和方法,亲自深入干部和士兵中,调查研究,了解实情,寻找对策。毛泽东借调查会的机会向士兵摆事实,讲道理,提高广大战士的思想认识,号召战士们起来为彻底肃清非无产阶级错误思想而斗争。据亲历者吴仁声回忆:参加调查会的,有各纵队、大队政委,连队支部书记和士兵。每次到会十余人,在一间民房的小厅里开会。"会议一开始,毛委员就说明开会的目的,要求到会同志如实反映平日所见所闻的官兵思想情况,作为整顿军队的依据。他说话简练,态度和蔼,谈笑风生,使人如沐春风。因此,到会官兵也就大胆发言,知啥说啥;说到好笑处,就哄堂大笑,无拘无束。"经过整顿,全军指战员初步认识到非无产阶级思想对红四军的危害,认识到纠正红四军党内非无产阶级思想对于军队建设乃至中国革命成功的重要性,从而使全军官兵的思想达到初步统一。

瓜熟蒂落,水到渠成。新泉整训统一了红四军党内和军内思想,为毛泽东起草《古田会议决议》奠定了基础,为即将召开的古田会议作了充分的准备。所以,新泉整训,作为古田会议的动员和奠定《古田会议决议》的思想基础而载入中国共产党和人民军队建设的光辉史册。新泉整训过程中解决问题的方法,为正确处理党内矛盾,增强党的团结统一,提供了重要启示:

一是要正视党内矛盾的存在。面对红四军党内存在的各种非无产阶级思想,红四军的主要领导人没有掩盖矛盾,也没有回避矛盾,而是以辩证唯物主义的态度,正视矛盾存在的必然性。并采取了积极的有针对性的措施和办法，解决了这些矛盾，从而达到新的团结和统一。

二是要科学分析而不盲目判断矛盾。针对红四军党内出现的种种非无产阶级思想，红四军领导人正视矛盾的存在，并在调查研究的基础上，实事求是地深刻分析了产生这些错误思想的社会根源及在党内发生影响的原因。正是对矛盾的科学分析，为探索解决这些矛盾的正确途径提供了科学依据。

三是妥善解决而不简单处置党内矛盾。新泉整训通过调查研究的方法发现问题。通过思想教育的方法解决问题。从而妥善解决了党内存在的各种矛盾，使红四军达到团结统一。新泉整训及之后召开的古田会议开辟了中国共产党思想建党的成功之路，奠定了人民军队思想政治工作的基础。

今天，我们正处在建设社会主义现代化强国的新时代。党面临复杂的形势、肩负着艰巨的任务，也面临着各种各样的矛盾，其中绝大部分是党内矛盾和人民内部矛盾。这就要求我们要善于解决各种矛盾，不但要有对待矛盾的正确态度，更要有解决矛盾的信心和勇气，还要有开拓创新的方法。只有这样，全党、全国人民才能团结一心、统一意志、统一行动、步调一致向前进。

松毛岭战役遗址

一、教学主题

青山处处埋忠骨,红军精神代代传。

二、教学目的

依托松毛岭战役遗址及红军无名烈士墓直观、丰富的教育资源,通过讲解员讲解及现场点评,使学员了解松毛岭战役的作用,军民团结共同保卫苏区的血肉之情和战斗中红军战士勇于牺牲的革命精神,从而使学员思想得到洗礼和升华,更好地发扬老区光荣传统,勇于担当,有所作为。

三、教学实施

1. 教学导入。向烈士默哀。
2. 教师现场点评。

松毛岭无名英雄烈士碑 (赖永刚摄)

青山处处埋忠骨　红军精神代代传

现在我们面对的不是一座普通的烈士墓,也不是哪位名将的墓地,而是万千无名英雄的最后归宿地。我们不知道他们姓什么,名什么,也不知道他们来自何方,年岁几何,但我们知道埋葬在这里的每个人都是英雄,都是铁骨铮铮的汉子!现在,就让我们回到80多年前,去倾听一段如歌如泣的故事。

我们脚下这片美丽的土地叫松毛岭,横跨连城、长汀两县,南北横贯八十多里,东西蜿蜒三十余里。这里山高林密,地势险要,历来为兵家必争之地。

20世纪30年代,在松毛岭一带先后发生过朋口进攻战、温坊袭击战、松毛岭阻击战。1933年7月,彭德怀、滕代远率领红军东方军,在朋口消灭了国民党第十九路军2000余人,沉重地打击了蒋介石东线部队。1934年8月,国民党军队加紧了向中央苏区腹地瑞金的进攻,9月1日至3日,在朱德指挥下,红一军团、红九军团和红独立第二十四师相配合,林彪、聂荣臻夜袭温坊,重创国民党东路军蒋鼎文部的李延年纵队,歼敌4400多人,成为我军第五次反"围剿"以来唯一的一次大胜仗。但是,这次胜利仍然无法挽回红军第五次反"围剿"失败的整个战局。蒋介石电令李延年、宋希濂等6个师的兵力,加紧向中央苏区东线的最后屏障松毛岭进逼。

1934年9月24日,国民党东路军司令部下达向长汀方向发起总攻的命令。国民党东路军总司令蒋鼎文辖所部6个师和炮兵第五团约7万人,向松毛岭发起疯狂进攻。当时中央红军红一军团奉命撤离后,只剩下红九军团、红独立二十四师、工人师和地方武装约3万余人面对强敌进攻。山岭被炸成平地,树木被炮火烧成灰烬,泥

闽西红色培训现场教学点点评词

土被鲜血染红，3万血肉之躯在断粮缺药、极度疲惫的情况下，仅凭简单的工事和落后的装备，面对空中不断盘旋轮番轰炸的"黑寡妇"飞机，山下密集的枪炮进攻，临危不惧、视死如归。面对武器装备占绝对优势的国民党军的狂轰滥炸，苏区军民英勇阻击，顽强抵抗，与敌人浴血奋战了七天七夜，用鲜血和生命为党中央机关和中央主力红军战略转移赢得宝贵时间。

当红军战士胜利完成阻击任务，接到战略转移命令的时候，松毛岭已成为一座血染的战地，一个月内的温坊战斗和松毛岭阻击战，红军战士和地方赤卫队员几千人壮烈牺牲。以至战斗结束半个多月后，松毛岭上空仍血腥不减，黑压压的绿头苍蝇，云集在沾满血迹的松针毛尖上，把碗口粗的松枝都给压弯了。

青山肃穆，流水无声。今天，站在烈士墓前，我们仿佛看到当年惨烈的拼杀、仿佛听见悲鸣的枪炮声。当年，一位15岁的少年还未脱去幼稚的表情，便随部队匆匆走上松毛岭，在战斗中流尽最后一滴血；我们不会忘记，一位刚刚新婚的苏区干部，在扩红中第一个报名，投入到松毛岭战斗中，最后牺牲在这片血色土地。当年，松毛岭下的干部群众，为支援红军，冒着硝烟战火，穿梭在密林深处送粮送衣，最后长眠在战场上……

时光一晃几十年，当年坚守阵地的指战员已成为战功赫赫的将军，但他们心中永远不会忘记那刻骨铭心的七天七夜。1987年6月，闽西籍的两位将军杨成武上将和涂通今少将在回家乡途中经过松毛岭，特地前来吊唁英魂，他们老泪纵横，久久不语。巍巍大山，天地动容。涂通今将军悲痛地对杨成武将军说："当年，你们红一军团走后，我们红九军团面对数倍装备精良的敌人，伤亡惨重，血流成河。"是啊，当年几千名红军血染战场，最后长眠于此。这座无名烈士墓，就是对他们最好的缅怀。

青山处处埋忠骨，松涛阵阵慰英魂。当松毛岭阻击战在血与火的交织中落下帷幕时，关于战争的故事并没有结束。战后，由于中央红军被迫战略大转移，没有条件对烈士进行安葬，漫山遍野到处是红军烈士的遗骸。面对敌人黑洞洞的枪口，松毛岭下的连城县朋口镇文坊村民刚刚从硝烟弥漫的战场支前回来，又冒着生命危险，自发组成"无祀会"，并就地埋葬、收集红军尸骸，前后历时一年多。在白色恐怖笼罩闽西的岁月里，村民们就用这种最朴素的方式，甘冒杀头示众的危险，为非亲非故的红军战士寻找最后的归宿。而后，他们每年为无名烈士举行庄严的祭奠仪式，默默缅怀这些为革命英勇献身的烈士们。2010年，连城县的老区群众自发成立了中央苏区战地遗址保护协会，传承起"无祀会"对红军的崇敬之情，将散落在两处的红军遗骸计3000多具移葬在一起，新建了眼前这座松毛岭红军无名烈士墓。

几十年来，松毛岭下的老区人民满怀对红军的深情大爱，用滴滴艰辛汗水铸就与红军心手相连的血肉之情。

今天，我们站在无名烈士墓前。那些为革命献身的英烈们，他们不屈的灵魂、悲壮的生命之歌早已深深地印在我们的脑海，浸入我们的灵魂之中。他们的壮举感动着我们，也警醒着我们。当我们的党员干部在遇到一些困难挫折而心灰意冷的时候，当面对一些诱惑挑战而放松警惕的时候，当因为心态失衡而郁闷纠结的时候，不妨来看一看松毛岭，看一看几十年如一日守护烈士英魂的老百姓，看一看墙上累累的弹痕，看一看地下长眠的烈士，看过之后，再仔细地想一想，与这些革命先烈相比，我们还有什么困难不能克服，还有什么私利不能舍弃，还有什么理由患得患失？

项南纪念馆

一、教学主题

改革开放的先行者。

二、教学目的

依托项南纪念馆教学点丰富、直观的历史资源,通过讲解员讲解,使学员了解项南生平。通过教师现场点评,使学员了解项南主政福建时期的主要事迹,深刻地感悟项南作为改革开放、开拓创业、勤政廉政榜样的可贵精神。

三、教学实施

1. 教学导入。学员参观会址,由讲解员讲解。
2. 教师现场点评。

项南纪念馆 (项如安摄)

改革开放的先行者

现在,我们站在项南纪念馆前,缅怀这位改革开放的先行者。在半个多世纪的革命生涯中,项南为共青团建设、农业机械化事业、福建的改革发展、中国的扶贫工作做出了突出贡献。特别是在福建主政期间是项南人生最辉煌的篇章,他使福建的改革开放走在了全国的前列,社会生产力得到了空前的发展,经济和社会建设取得了长足的进步。

一、特区建,倡松绑

特区建设是中国改革开放的标志性事件。兴办什么样的特区、怎样兴办特区,一切都要从头探索和创造。项南主政八闽期间是特区建设争论最激烈的时期。对此,项南提出:"特区是对外开放的窗口,不能照老框框办,要勇于探索,敢于创新,特事特办。"项南通过"借米下锅"——利用外资和贷款解决了厦门机场、港口、集装箱码头、程控电话的建设问题。后来,中央采纳项南的相关建议,于1984年将厦门特区扩大至全岛,实行自由港某些政策,并开放福州等14个沿海城市;1985年把闽南厦漳泉三角地区开辟为沿海经济开放区。从此,福建一跃成为中国改革开放的前沿地带。

针对福建多年备战、思想保守的状况,项南从四个方面倡导"松绑":

1. 思想的松绑。项南到任福建仅一周,就在全省党代会上发表《谈解放思想》重要讲话,深刻指出"闽之水何泱泱,闽之山何苍苍,若要福建起飞快,就看思想解放不解放"。随后,他组织全省各级干部开展了"实践是检验真理的唯一标准"的大学习、大讨论,使解放思想、实事求是的思想路线深入人心。

2. 干部的松绑。当时，福建干部长期受冤假错案的困扰。项南按照"坚决、彻底、尽快、妥善"的指导方针，先后为原闽浙赣、闽中及闽西南地下党的"三大案"及历次政治运动中蒙受冤屈的相关同志落实了政策，使一大批干部以崭新的精神面貌走上了改革和建设的工作岗位。

3. 农村的松绑。当时，农业生产承包责任制得到中央肯定并在全国推广，而福建却还在争论能不能推行。有20年农机工作经验、既懂农业也了解农民的项南上任后，大刀阔斧，通过省委发通知、省报发社论和召开专题电话会等措施，仅一年时间就将责任制在全省农村落实，从此农村得到松绑，农业得到迅速发展。

4. 企业的松绑。它包括对乡镇企业和国有企业的松绑。其中乡镇企业符合福建"地少人多"、工业基础薄弱的实际，是振兴福建经济的希望所在，但它在当时却面临"姓资姓社"问题的束缚，甚至被勒令下马。对此，项南热情赞誉乡镇企业是福建经济发展的"一枝花"，它姓"社"不姓"资"。他响亮提出，要让这样的"花"开遍八闽大地，并进而提出"福建经济要靠乡镇企业打头阵"的思想。实践的结果是乡镇企业成为带动福建经济建设的主力军。

对国企，项南积极响应"松绑放权"要求，指导策划省报对此问题连续宣传报道，并提出让"包"字进城，提倡企业搞承包责任制。一个"松绑"放权，一个"包"字进城，这两种改革都是触及到了城市改革中的较深层次问题。现在看来似乎很平常，但在当时的情况下，项南敢于支持，敢于实践，在全国产生了一石激起千层浪的影响，确实需要很大勇气和胆略。实践的结果是福建工业得到提速发展。

二、奠定基础，发扬优势

针对福建"道路不平，电灯不明，通讯不灵，自来水常停"、基础设施落后的困境，项南指出，如果不建设一批对全省经济有决定性作用的骨干项目，福建的经济就不可能有一个大的突破，就不可能进入全国的先进行列。为此，他提出十大基础工程建设目标。即：建设福州和厦门两个海港、两个机场、两套电信、改造鹰厦铁路、建设福厦铁路、漳泉铁路、整治闽江、九龙江、建设沙溪口电站、水口电站等。同时，项南从省情出发，总结出福建具有"山、海、侨（华侨）、特（特区、特殊政策）"优势，并相应做了许多好文章。

三、先行山海经，除弊兴利

项南根据福建多山、多海、少田的特点提出要大念"山海经"，建设"八个基地"。八个基地指的是：林业、海洋、经济作物、牧业、轻工、外贸、科教和统一祖国八个基地。福建大念"山海经"的战略口号，当时在周边省份甚至全国都产生了一定的影响。同时，在除弊兴利方面，项南率先垂范、清正廉洁、惩治贪腐，提倡"以智取胜"，推动"学习三明经验，争创文明城市"热潮。其中，项南数次亲临视察，并亲自总结《水土保持三字经》，对福建长汀河田水土流失治理进行指导并取得巨大成效。新时期以来，党中央确立的社会主义生态文明建设战略思想与这个政策实践是一脉相承的。

四、一己苦甘何足道，宏图伟业魂萦系

在项南的一生中，曾多次受到不公处分。就在他锐意改革的过程中，铺天盖地的"帽子"迎面而来：有人把经济特区比作旧中国的租界，合资企业是殖民地性质的厂子，是向日本投降，是打击民

族工业等等。面对各种指责非议,项南没有止步。他认为事业需要我们去改革,人民需要敢冒风险的干部。改革开放后的乡镇企业,还是个新生事物。就在项南大力支持闽南地区乡镇企业发展,称赞它是"乡镇企业一枝花"的时候,1985年6月16日,《人民日报》刊登了一篇报道《触目惊心的晋江假药案》。此后不久,晋江假药案逐步升级,矛头指向了福建的乡镇企业建设。面对着来自全国各地的批评,项南坚持认为,假药案应该处理,但是绝不意味着今后不再搞乡镇企业。他认为"为官避事平生耻"。出现失误,敢于承认,主动承担,不回避、不遮掩、不推诿,及时纠正和改正,体现的是心胸,也是一种自信。项南曾说:"一个人,别人是打不倒你的,能打倒你的人就是你自己。""顶住就是好汉。"对项南在福建倾注心血而取得的很多成就,习近平同志撰文回忆说:"我从来没听见项南自己对这些成就有丝毫的夸耀,倒是经常听他谦虚地谈到自己留下的许多遗憾,还没有来得及做的一些事情。"此外,项南还说过:"干部干部就是干,战士战士就是战,做到殚精竭虑,俯仰无愧。"事实是,在生命结束前的最后一分钟,项南仍在为中国的扶贫事业努力工作着。

项南主政福建期间充满改革传奇、彰显人格力量。习近平同志在《长者风范,公仆榜样》一文中写道:"他的去世,对我来说,少了一位可以就教的良师,失去了一位值得尊敬的长者……项南同志虽然永远离开了我们,但他给我们留下了宝贵的精神财富,也为我们留下了一位共产党人、一位人民公仆的真实榜样。"

新时代,我们正面临蹄疾步稳推进全面深化改革,坚决破除各方面体制机制弊端的艰巨任务。学习项南的精神品格,就是要学习他开拓创新、守土尽责、忠诚履职,敢于负责、敢于担当的精神,以敢于啃硬骨头、涉险滩的精神积极推进各领域改革。

培田古民居

一、教学主题

培田古村落的耕读文化与仕商精神。

二、教学目的

依托培田古村落教学点的历史文化特色资源,帮助学员加深对客家文化深刻内涵的了解,激发学员热爱中国传统文化的情怀,提高学员保护开发历史文化的意识,拓展乡村振兴的经验。

三、教学实施

1. 教学导入。播放宣传片,让学员在情景教学中初步了解培田古村落的历史和现状,由讲解员讲解。
2. 教师现场点评。

培田古村落 (赖永刚摄)

培田古村落的耕读文化与仕商精神

培田是闽西一个典型的客家古村落。在800多年历史发展中，培田积淀了深厚的文化，创造了辉煌的历史。培田客家文化精神可以概括为"耕读文化"与"仕商精神"。

一、耕读为本

"耕读文化"是客家人共有的文化传统。"耕"和"读"是有机结合的整体。"耕"是基础，"读"是发展和升华。对于培田而言，"耕读文化"体现得更为突出。从先祖取的"培田"这个地名来理解，"培"字有培养教育后代以腾达耀祖之意，"田"字有辛勤耕种以繁衍生存之意，可以说耕读之风贯穿了培田整个吴氏家族发展历史。培田始祖吴拔仕靠读书入仕，他明白：要生存，只有勤耕种；要发展，只有苦读书；要富有，只有仕贾一体。培田历代先祖们秉承"忠厚传家、诗书继世"的正统中原教育理念，整个村落形成了"弦诵相闻，有不读书者，舆台笑之"的风尚。老百姓会使用朴素的语言告诫子孙："养子不读书，就像养头猪。""送子千金，不如教子一字""一等人忠臣孝子，两件事读书耕田。"

在培田的历史发展中，书院、学堂无论数量和种类都令人赞叹。明成化年间，七世祖吴祖宽建立了第一所学堂——石头丘草堂，尽管当时仅有两三个子弟课读，却聘请了进士谢桃溪前来执教。谢桃溪学识渊博，治学严谨，因材施教。吴祖宽和儿子平山父子俩均考取秀才，一时誉满四方，成为崇文重教的榜样。此后培田又建立起云江书院、迪乃吉武厂（集勋武校）、锄经别墅、修竹楼、水云草堂等多达18所书院学堂。培田不但有文校，而且有武校；不但有男校，甚至还有专门的女校。比如，容膝居是清朝咸丰年间由大夫第的主人吴昌同创建的妇女学馆，曾用于培训房族女丁，希望造就知书达理、精通女红技艺的贤妻良母。天井照墙上"可谈风月"四个字表达了居所虽小仅能容膝，但也可心怀天下、安居乐业的志趣情怀，也证明了当时还有对妇女进行婚育知识方面的教育，体现了培田先人先进开明的教育理念。

由于家族重视教育，在二十几代人中，培田人取得功名的共计240人。吴氏家族成为享誉汀江的文墨之乡、名门望族。乾隆二十八年（1763），《四库全书》总编纪晓岚到汀州府巡视，曾到培田私服暗访，发现培田果然名不虚传，挥毫写下"渤水蜚英"四个大字，表示对培田崇文尚武、人才辈出的赞扬。刻着这四个大字的牌匾依旧挂在"配虞公祠"的正堂以激励子孙。吴氏家族除了崇文，也很尚武，建了很多武馆武校，明清两代就有武举人144人，武进士8人，仅乾隆一朝（1736—1795）武举人就多达44人。

南山书院是培田教育发展的典型，创办于乾隆三十年（1765），距今已有240多年历史。先后培养出武进士、清廷四品侍卫吴拔祯等名人以及238名秀才，并培养出4名与孙中山、周恩来同窗的留日留法学生。当时聘请的老师都是一些学识广博的名儒贤士。其中有任过宜春知县、翰林院编修的宁化才子曾瑞春、福州才子邱振芳、永定贤士袁南宫、永定孝廉温恭，还有培田举人佛谷先生等。明朝兵部尚书、清流人裴应章对于南山书院曾有赞誉："距汀城郭虽百里，入孔门墙第一家。"这副对联一题就震动了汀州、连城两县。宁化才子曾瑞春满腹经纶，但家贫无力深造，在培田任教十年，精心教习子弟，隐士邱振芳十分敬重他的才德，经常指点帮助他，曾瑞春教习之余，不断自修勤读，等经济有所积累，便赴京赶考，结果高中进士，荣任翰林院编修。曾瑞春不忘培田的恩情，重回南山书院故地时赠联并撰题《南山书院记》(碑刻)，不仅为培田留下珍贵的墨宝，更为培田子弟树立了一个榜样。培田至今还保存着40多位名人书送的联匾，通过这些文物，不难感受到这个小山村当年浓郁的翰墨书香和上乘的文化品味。

培田人对于教师是非常尊敬的，给他们提供了优厚的工资待遇，并且一发就是两份。谱牒中关于对教师的尊重有很多记载。邱振芳掌教南山时，高祖总是穿戴整齐地给他请安问候，家中的家禽牲畜任老师取用。有一个晚上，邱振芳谈及瑞邑这个地方的肉蔗很美味，高祖回家后立即前往瑞邑购买，第三天早晨就摆在了老师的桌上，邱振芳很惊诧，高祖实话相告，邱振芳感叹说："为了买到我喜欢的东西，不惜花两夜一日去两百里外，您实在是太有诚意了！"原本他准备任教三年后辞职回乡的，吴家的一片赤诚打动了他，于是又留下任教了七年，为培田培养了不少人才。学子们在名师的指导下，心怀远大的志向，沐浴儒学的精华，勤奋苦读，不断地走向成功和辉煌。周围很多地方的人都慕名把子女送到培田来读书。

培田教育的发展与当时良好的教育机制是分不开的。为了激励学子和教育的发展，培田建立了各种各样的办学和奖学机制。各房派祖宗所捐奖学田产编入谱牒中足有一卷之多，并且有很多具体的奖励措施来推动教育的发展。这种奖励机制一直延续到1949年，激励了培田学子的奋斗进取精神，强化了村民崇文重教的意识和传统。当然，各种激励机制的前提是光耀家族。这也显示出在培田的文化精神中家族本位与社会本位是融合在一起的，培田客家文化通过彰显社会本位文化来提升家族本位。从深层次的社会文化基础看，培田重教育的根源是当时的儒家思想："入为孝子，出为忠臣。"对于具有迁徙历史经历的客家人，曾经的艰辛历程造就了他们更为杰出的心理品质和进取意识。在新的环境中，一方面，他们更加期望成功以秉承传统，另一方面，他们为了谋发展也敢于突破传统。耕读文化是一个不可分割的整体。无论文化事业有多么兴盛，也不能放弃农事耕种，才能有发展的物质基础和经济后盾。"耕读文化"就如同一个人的两腿，缺一不可。如果只顾一头，则立不久、行不远。今天培养出的大批人才仍秉承了耕读文化的传统理念。在培田有一位农民书法家叫吴烈，五十来岁，祖辈都是读书人，土地革命时期被定为地主，由于其父亲只会读书不会耕田，生活很艰难，父亲就决定不让他读书，而学习种田。他在农闲时习字练画，他家的墙壁挂满了他的字画。农民们都明白家庭的生计在地里、家庭的希望在书里的道理，一般日子稍微过得去的人家，都是大人们每天勤恳耕作，同时督促孩子们认真读书。先辈们在宋代就知道了"休耕轮作"，培田人祖辈秉承并发扬了这一理念，在农闲时雕木、剪纸扎竹、习字画画。这点也体现了耕读文化的另一面，就是追求人与自然的和谐。

二、仕贾并举

与耕读文化紧密相连的是仕商精神。吴氏家族倡导"士农工商"，读书为第一位，但并不唯读书论。一方面通过读书考取功名入仕为官；另一方面提倡"民生在勤，勤则不匮……农工商贾，勉励乃事"。因此并不太在乎主流社会倡导的"士、农、工、商"的等级差别。培田有这样一句话，"无农不稳，无教不智，无商不富"，体现了商业的地位。培田家族里面，有 1/3 的人从事儒业，读书进取；1/3 的人务农耕田；另外 1/3 的则从事工商业。当时培田村的千米古街，两旁有 48 家店铺，商业活动非常繁华。仁昌布庄远近闻名，早

闽西红色培训现场教学点点评词

珍号纸庄年经营纸几万担，还有很多各行业的手工作坊。培田人的生意从附近的府县发展到福、漳、泉，远至湖南、湖北、江西、广东、浙江、江苏等地，甚至出洋贸易。比如，当时著名的商人吴昌同，在潮汕就拥有十二家商号，在汀州府开的同昌号油行，基本上包揽了赣南和闽西的山茶油、桐油和漆的生意。

培田商业为什么能够这么发达呢？首先，培田的祖辈就有经商的传统。培田吴氏的祖先是从浙江辞官一路经商到福建。其次，培田的地理位置十分优越，是归化（今明溪县）、清流、宁化、永安、连城等县往返汀州府的必经歇息之地。培田的官道，山岭平缓，石路宽大，盗匪较少，十分安全，且培田的服务设施好，取道过往的人很多。再次，培田自身资源丰富，纸业、林木业发达。这些都是客观原因。还可以从更深入的层次分析。在中国传统社会，重农抑商、轻视商业和商人是一种主流价值取向。而培田客家人的商业文化是对这一传统的突破。迁徙本身就是一种对中国安土重迁传统的反叛，客家人就是在迁徙中形成的一支特立独行的民系，迁徙的经历以及基于自身生存发展的需要，造就了客家人独特的品质：勤学习善吸纳的包容性，重传统敢突破的实用性。儒商思想和注重实战实用励工励农的墨家思想在培田客家人身上得到了完美的结合。

培田商人以经商所获为家乡的建设修缮事业、风水维护事业、公益慈善事业慷慨解囊。大商人吴昌同一生农工商并举，勤俭持家成一方首富。他尊师重教，捐建了闽省吴氏试馆。清光绪二十四年（1898），朝廷嘉奖他并赐立了"乐善好施"石牌坊，因为村东口商人们往来频繁，家族就把石牌坊建在那边。许多商人以救灾助赈、热心公益等各种途径捐官买爵步入仕途，明清两代为官任吏者就有三十几位。家族训诫子弟"官职虽有尊卑，体裁虽有繁简，要之，亲民爱养之寄则一也"。培田吴氏家族族治中留下的《公益社章程》《家法十条》等祖训家规教导子孙后代："耕读为本、清白传家、勤俭创业、扬善抑恶、遵纪守法。"祖祠内白壁上的"忠、孝、廉、节"四个大字，既是中国传统的社会准则规范，更是彰显乡风、传递正气的一种承载。私塾书院均倡导"修身、齐家、治国、平天下""政权其义不谋其利，明其道不计其功"等儒家思想。正因为这些无处不在的廉文化的熏陶，培田历史上出了不少好官、清官。明正统年间，汀州大旱，颗粒无收，许多人被活活饿死，五世祖琳敏公当时富甲一方，又是掌管税赋的官吏，他不仅大力减免税收，还毅然捐出自家大量粮食救赈饥荒，得到了百姓的拥戴和朝廷的表彰。

吴氏始祖吴拔仕从浙江辞官一路经商进入汀州，后又扎根培田。培田原有的十几姓均日渐萎缩消失，而外迁的吴氏却由一户逐渐发展壮大为覆盖整个村落的唯一姓氏家族，体现了吴氏家族强大的生命力和拓展力。改革开放之后，社会流动特别是农民群体的流动对于中国社会发展的推动意义是深远的。今天，培田有大量的年轻人出外寻求发展，他们不但改变了自身，也改变了培田。他们的先辈们是在被迫迁徙过程中遭遇不同文化并与之交融碰撞，从而形成了一种新的文化。今天培田的年轻人则是主动走出去寻求变革。经过现代文明的冲击，传统文化已经在发生变化。但耕、读、仕、商四位一体的理念永远根植在培田人的血脉里。耕，仍然是生存的基础；读，仍然是实现理想的正道；入仕为官在主流价值观中仍然有无法撼动的地位；商业梦想激励着更多培田人为家乡旅游业的发展不断努力。大量来自外面现代世界的陌生人带给培田人新的思维和视野，通过与游客的接触，村里人更加渴望走出去，对人生有了更高的目标和追求。培田的耕读与仕商精神体现了培田客家文化的独特性。中国传统农业文明的特点表现为:"经济上的自给自足、交往上的封闭狭隘、政治上的冷漠麻木、文化上的保守排外以及心理上的内向压抑。"而培田客家人身上体现的却是与之相反的文化特点。他们经济发达繁荣,精英人才辈出,政治参与意愿强烈,包容开放乐于变革,对外交往频繁,完美地实现了农、儒、仕、贾并举。这大概就是吴氏家族兴旺发展、不断壮大的秘诀吧。

10　漳平市教学点

闽西红色培训现场教学点点评词

红四军出击闽中纪念馆

一、教学主题

严明纪律,走向胜利。

二、教学目的

依托红四军出击闽中纪念馆丰富、直观的历史资源,通过讲解员讲解,使学员置身特定的历史场景中,触摸历史,感悟传统,形成了强烈的视觉冲击力和心灵震撼力。在此基础上,通过互动交流、现场点评,使学员更加系统地了解红军留款信的形成背景、过程,及对留款信的保护,更加深刻地感悟红军留款信精神,进而更加自觉地坚持党的群众路线,严守党的纪律。

三、教学实施

1. 教学导入。学员参观红四军出击闽中纪念馆,由讲解员讲解。
2. 教师现场点评。

红四军出击闽中纪念馆 (黄福权摄)

严明纪律　走向胜利

这座古香古色的苏和厝就是漳平市"红军留款信"旧址,是全国现有保存最好的唯一一处红军题壁留款信。旧址于1982年被列为漳平市第一批县级文物保护单位。在斗争残酷、环境恶劣的土地革命战争时期,朱德、罗荣桓等革命先辈都曾在漳平这块红土地上进行过伟大的革命实践活动,留下了光辉的足迹。红四军所到之处,纪律严明、秋毫无犯。

1929年8月20日,朱德率领红四军出击闽中,途中在杨美村休整。因为饱受国民党反动派的欺压,当地老百姓"谈兵色变"。红军还未进村,老百姓早就吓得纷纷逃避到村外。为了购买粮食,红四军战士跑遍全村,终于在一间阴暗的房屋找到一位身残体弱的老汉苏观泗。红军耐心地向老人家解释,红军是专门打土豪劣绅、为穷人谋福利的队伍,向他宣传了红军买卖公平的纪律,并请他帮忙在村里购买粮食。老人打消了顾虑,带着红军战士来到他堂弟苏和家中找到了大米。红军战士称了26斤大米,拿出二元大洋请老人转交。临行前,红四军战士在苏和存放大米的房间墙上写下了珍贵的"红军留款信":"老板你不在家 你的米我买了二十六斤 大洋二元 大洋在观泗老板手 礼 红军。"这段爱民佳话是党和人民军队纪律严明的集中体现,是人民军队"不拿群众一针一线"行动准则的历史见证。

"不能侵占人民群众的任何利益,哪怕是微不足道的利益"。这一个规章看似细小,却是那样耐人寻味。翻开人民军队近一个世纪的历史,无论是土地革命战争时期红军战士路过闽西漳平杨美村题壁留款,还是解放战争时攻打锦州,路过人民群众的果园不摘一果,或是攻占大上海宁肯露宿街头也不进入百姓住房的故事,都像滴水

闽西红色培训现场教学点点评词

映照太阳,成为代代美谈。

"红军题壁留款信"永远闪耀着中国工农红军的光辉思想,体现了中国共产党和人民军队严守革命纪律,秋毫无犯,爱民亲民的崇高风尚。它是人民军队严格遵守革命纪律的显著标记,像一盏不灭不落的明灯指引着党和军队前行的方向。过去中国共产党领导的革命队伍由小到大,由弱到强,面对强大的国内外敌对势力,从一个胜利走向又一个胜利,靠的是什么呢?靠的是英勇善战和铁的纪律。"三大纪律,八项注意",时刻作为官兵们行动的准则,生活的指南。也正因为连群众一针一线都不贪不拿,不损害人民群众的利益,时刻为老百姓着想,为人民谋福利,所以中国共产党和人民军队才会赢得老百姓的积极拥护与爱戴!

"不拿群众一针一线"是党和人民军队的群众纪律,也是庄严承诺。不论社会怎么发展,群众的"针线"都不容侵占,为百姓谋取更多的利益都是我们不变的核心价值追求。只有严明群众纪律,坚守为民谋利的初心,中国共产党才能得到群众支持,才能永远立于不败之地。

南洋生态小镇

一、教学主题

绿色产业,生态发展。

二、教学目的

通过现场教学,了解南洋生态小镇充分利用优越的自然环境和丰富的生态资源,抓好茶产业与茶文化,茶产业与旅游产业有机结合的做法,学习南洋生态小镇建设成功经验,提升对生态文明建设重要性的认识,树立生态环保理念,创新农村经济发展思路。

三、教学实施

1. 教学导入。学员参观南洋镇北寮村,由讲解员讲解。
2. 教师现场点评。

南洋镇北寮村(航拍图)

闽西红色培训现场教学点点评词

绿色产业，生态发展

这里是有"中国水仙茶第一村"美誉的南洋镇北寮村。

南洋镇位于漳平市的中部，素有"水仙茶之乡"之称。南洋镇是全国第三批"一村一品"示范乡镇、省级生态乡镇、龙岩市十个旅游名镇之一，还是中国名茶"漳平水仙茶"的主产区、乌龙茶类唯一的紧压茶生产基地。

南洋镇建设坚持生态优先，绿色发展的理念。如今的南洋层峦叠嶂、林木葱郁、清流潺潺、景色秀丽。南洋境内生态环境保护良好，动植物资源丰富，森林覆盖率高达89%，有"绿色翡翠"之美称。这里，拥有四大古树：被称为漳平水仙茶"母本活化石"的千年古茶树，六百年桂花王（高10多米，树胸围大约5.1米），此外还有古榕树和古柏树，有那么多的古树存留下来，说明了人们对自然环境的精心呵护。在一个以茶叶为主导产业的地方，人们不禁会问：为什么这里的生态环境竟然保持的如此之好？历代以来，南洋茶农在种植经营中，养成了保护自然环境的自觉意识，他们尊重自然，顺应自然。走进南洋茶园，你可以发现：茶园的山顶、山脚、山腰随处可见树木带，并不像其他的茶园一样是成片的茶，老百姓形象地比喻为"头戴帽、脚穿鞋、腰系带"，这种开发利用模式的特点就是适度开发和最大程度保护自然环境，使南洋的自然生态系统得以良性循环和延续，实现了人与自然的和谐共处。正是当地群众对家园的绿水青山倍加爱护，才孕育出今日南洋让人如痴如醉的绿。

南洋生态小镇把生态环境保护作为加快发展的重要前提，在发展过程中保护好绿水青山。南洋镇党委、政府和广大群众形成了一个普遍共识:"良好的生态环境是南洋镇可持续发展的生命线。只有依托良好的生态环境,变生态优势为经济优势,才是南洋经济发展的最好出路。"

南洋生态小镇依托地域特色和生态资源优势,大力发展绿色茶产业。好山好水出好茶,南洋所产的水仙茶,茶韵甘醇,品质超凡,是茶中精品,远销东南亚,备受海内外客户青睐。南洋生态小镇依托地域特色和生态资源优势,大力发展绿色生态茶产业。大力推广生态茶园建设,建立起了多家标准化生态茶园,全面实施无公害化管理。如今,生态茶园建设已成为漳平水仙茶产业发展的重点。高规格的茶园种植管理才能生产出高品质的有机茶,茶产业发展水平才能得以不断提升。近年来,"漳平水仙茶"每年经国家和省质检中心检测,国家规定的13个检测指标全部合格,成为名符其实的零农残合格产品,先后通过了无公害、绿色产品的认证、农业部农产品地理标志,荣获中国驰名商标。"漳平水仙茶"闻名海内外,已荣获国际性及国家级茶博会金奖达30多个。

南洋生态小镇依托地域特色和生态资源优势,大力发展绿色生态旅游产业。绿是南洋生态小镇的最鲜明的标志。得天独厚的生态环境使南洋成为远近闻名的观光休闲旅游胜地。如何依托地域特色和生态资源优势,大力发展绿色生态旅游产业呢?2013年初,中共漳平市委、市政府作出"举全市之力,建设南洋生态小镇"的决策部署,全力推进产业提升、乡村旅游、环境整治等28个建设项目,努力打造"天蓝、地绿、山青、水净"的美丽幸福的生态小镇。着力打造九鹏溪景区、北寮乡村休闲旅游景区、南星茶园景区以及大用现代生态茶园等"四大景区"。四大景区特色鲜明或互补或交叉,呈立体式,既丰富了生态小镇旅游内容,又提升了乡村旅游的品味,但它们都是紧紧围绕着水仙茶产业这一主题来打造的，将旅游产业与茶产业有机融合。2013年，南洋被评为全国第三批"一村一品"示范乡镇和龙岩市十大旅游名镇。

拥有优越生态环境的南洋名声远扬，不仅常年吸引了络绎不绝的游客前来旅游休闲观光，还吸引了越来越多的客商前来投资兴业，成了客商投资发展生态产业的一片热土。绿色发展增加了茶农的收入，给百姓带来了实惠。今天的南洋人，真真切切地感受到生态小镇建设所带来的巨大变化，茶农收入显著增加，人民群众生活水平大幅提高。随着生态小镇建设的深入推进，南洋取得了传统茶产业和现代旅游产业发展与生态环境保护"双赢"的显著成效，"百姓富"与"生态美"的和谐发展，在南洋得到了生动演绎。

绿色生态发展给南洋的百姓带来的已不仅仅是收入的增加、生活的富裕，更重要的是让百姓们坚定了绿色发展、生态发展的信心和决心。保护生态环境，建设绿色家园，已成为南洋人更加自觉的行动。"何必漂洋过海，眼前即是南洋"。我们相信在不久的将来，一个更加美丽、更加富裕、更加文明的南洋，必将呈现在世人眼前，一幅优美的生态乡村画卷正在南洋徐徐展开。

漳平台湾农民创业园

一、教学主题

建设中国最美台湾农民创业园。

二、教学目的

通过现场教学，了解创业园不断完善基础设施建设，加强生态环境保护，深化两岸合作交流，推动农业科技创新，增加园区农民收入的做法，学习台创园建设经验，加深学员对传统茶文化和生态农业、精致农业、现代农业的认识。

三、教学实施

1. 教学导入。学员参观漳平台湾农民创业园，由讲解员讲解。
2. 教师现场点评。

漳平台湾农民创业园·茶园 （林艳摄）

闽西红色培训现场教学点点评词

建设中国最美台湾农民创业园

　　漳平台湾农民创业园于 2006 年 7 月在创业园核心区永福镇挂牌成立。2008 年 2 月，经农业部、国台办批准，升格为国家级台湾农民创业园。创业园核心区永福镇区海拔 800 余米。园区包含永福镇、官田乡，土地总面积 704 平方公里，园区生态环境保护良好，林地面积 90 余万亩，森林覆盖率达 80%，因山地气候、产业与台湾阿里山相近，故被台商誉为"大陆阿里山"。截至 2017 年底，漳平台创园驻有台资企业 66 家，其中茶企 48 家，年产茶 1600 多吨，产值逾 7 亿元，参与投资的台商 500 多人。永福因此成为台资个体在大陆投资最密集的乡镇、大陆规模最大的台湾高山茶生产基地。

　　创业园核心区永福镇花卉、茶叶、蔬菜三大特色产业总面积超过 10 万亩，其中，茶叶 5 万亩，名优花卉 1.5 万亩，蔬菜 4.2 万亩。漳平台湾农民创业园已成为两岸交流合作的重要平台，每年到永福参访的台湾同胞达 2000 多人次，是大陆最大的高山乌龙茶生产基地、中国最大的杜鹃花生产基地。创业园获得"国家级海峡两岸科技产业合作基地成员单位""全国休闲农业与乡村旅游示范点"。核心区永福镇成为"中国杜鹃花之乡""全国环境优美乡镇"。

　　高山茶产业是台湾精致农业的龙头项目，也是漳平台湾农民创业园的龙头项目。永福镇全面引进了台湾优良的茶树品种、精细的栽培技术、先进的制茶设备和精湛的制茶技术，已成为大陆地区最大的台湾高山茶生产专区，成为台资农业个体在大陆投资最密集的山区乡镇。台品茶业有限公司由台商谢东庆先生于 1996 年 11 月投资创建，是永福镇引进的首家台湾高山茶企业，是海峡两岸农业合作龙头企业。茶园基础设施完善，实施高优节水喷灌；综合应用肥水管理、茶园修剪、采养平衡等技术调控，实现鲜叶品质标准化；建立茶园管理可追溯体系，实现病虫防治绿色化。该基地是海峡两岸茶业合作重点示范基地，省级农业标准化示范基地。他的茶园还有一项技术就是让茶树喝豆"浆"，这项技术在永福推广正是整合两岸农业产业优势的创举。漳平鸿鼎茶场开发有限公司是由台商投资创建的。该公司已开发山地面积2480亩，种植高山茶1800多亩，投资3800多万元，是创业园规模较大的企业之一，该公司还承担省农业厅农业五新技术示范推广课题，起到了很好的示范带动效应。公司建立的标准化现代茶叶加工厂，占地面积2800多平方米，全部引进先进技术装备，实施连续化萎凋、连续化做青、连续化包揉配套工程技术，实现永福高山茶连续化、清洁化初加工生产线，形成先进的标准化加工技术体系。由PC采光板组建的室外萎凋车间在阴天、雨天不良天气条件下均能进行乌龙茶萎凋，全自动室内萎凋车间安装中央空调，可实现做青在最佳的温湿度环境下进行，应用全自动萎凋架设备，可实现乌龙茶做青批量化、标准化，车间地板按照无尘式食品加工车间要求应用环氧树脂材料进行处理，保证茶叶后续加工清洁化，成为海峡两岸最大、最规范的乌龙茶初制厂。随着两岸农业合作与交流的进一步深化，茶文化交流中心将作为闽台文化交流先行先试的有效载体和休闲农业旅游品牌推广的重要窗口，成为两岸交流合作的重要载体。通过加强与台湾开展交流与合作，学习台湾的先进发展理念，学习台湾所具有的强烈市场意识，学习台湾科技创新意识，牢固树立用工业化、市场化理念发展农业的思想，跳出农业抓农业，跳出农村抓农村，加快发展农产品加工业，加快扶持龙头企业做大做强。

依靠科技支撑,引领产业升级。这是漳平台湾农民创业园的一大亮点。园区推广农业"五新"技术,加强"花、茶、菜"等传统农业产业与台湾精致农业高效嫁接,辐射带动闽台农业推广示范基地3万亩,新增产值3.5亿元,增加了农业效益。园区创办了新型职业农民培训基地,与龙岩市农办联合创办龙岩市新型职业农民培训中心,举办了花卉、竹木等培训班,许多农民获得新型职业农民资格证书。园区拓展了休闲旅游业,进一步推进现代精致农业和旅游产业融合互补,加快推进旅游景区建设,培育家庭农场等农民增收新亮点,带动当地生产发展、生活水平提高、农村环境改善。园区产业的提质增效不仅保护了园区优良生态,也增加了农民收入。据统计,创业园核心区采茶、制茶工人及生产管理人员约有2万人次,实现增收近亿元。永福镇花木种植专业户2000多户,花卉苗木产业的产值10亿多元;官田乡60%农户种植茶叶,茶叶产值占全乡种植业产值的比重达86%,仅此一项,全乡农民年人均增收近2000元。

坚持优质服务,深化扩大对台交流。这是漳平台湾农民创业园的另一大亮点。园区加强自身建设,提升"保姆式"服务,不断创新服务机制,进一步优化发展软环境,提升管理服务水平。通过建立干部联系台企制度,建立涉台司法服务站,及时解决村、群众与台企台商的困难问题;成立永福花木城市商业合作社,与民生银行签订合作协议,受益农户220户,首期融资5000万元,切实解决了花农融资难题。园区不断深化对台交流合作,品牌建设推陈出新。2013年,"台湾中华农业报"在园区成立了龙岩联络处,台湾"中华艺术学会"、台湾"中华经济研究院"、台湾"农委会"前主委彭作奎等单位和个人纷纷组团30余批次、4500多人次来园区考察。鸿鼎永福高山乌龙茶在第十一届中国茶叶协会举办的"中茶杯"全国名优茶评比中获一等奖。

"栽得梧桐树，引得凤凰来"。漳平台湾农民创业园将继续坚持生态保护优先、规划优先、基础建设优先、产业提升优先、民生优先、效率优先，坚持走差异化、特色化的园区发展道路。不久的将来，中国最美台湾农民创业园一定会呈现在人们眼前。

后　记

　　为将古田干部学院、中共龙岩市委党校打造成全国一流党性教育基地，用具有历史厚度、现实热度、思想深度的高品质教学与研究成果支撑铸魂育人的干部教育事业，古田干部学院、中共龙岩市委党校决定出版《古田干部学院、中共龙岩市委党校系列教材》（以下简称《教材》）。第一阶段出版《闽西革命简史》《闽西红色培训现场教学点讲解词》《闽西红色培训现场教学点点评词》《古田干部学院核心课程提纲》《古田会议精神读本（修订版）》《闽西苏区精神与治国理政》共六种；第二阶段拟出版《古田会议精神与从严治党》《才溪乡调查精神与民主建政》《客家精神与新时代乡村振兴》《中央苏区红色交通线》《闽西二十年"红旗不倒"》《红四军军史》《中央苏区"红色小上海"》《闽西革命历史人物后辈访谈录》共八种。

　　《教材》的编纂工作是在中共龙岩市委、市政府的直接领导下，在中共龙岩市委组织部的具体指导下开展的。中共龙岩市委党史研究室、古田会议纪念馆、中央苏区（闽西）历史博物馆，才溪乡调查纪念馆，龙岩各县（市、区）委组织部、党校、纪念馆以及各现场教学点等单位也提供了许多支持和帮助。编纂工作还得到了国内许多知名专家的关心、指导和帮助，同时借鉴和吸收了不少专家、学者的最新研究成果。此外，还有许多未具名的朋友在资料、素材等方面提供了不可或缺的帮助。我们在此谨致以深深的感谢！

　　本书的策划始于2014年。中共龙岩市委组织部推动了早期的统筹和协调工作。中共龙岩市委党史研究室主任苏俊才、中共龙岩市委党校原常务副校长江维力、中共龙岩市委党史研究室副主任吴升

后　记

辉、龙岩市博物馆馆长吴锡超、古田会议纪念馆文物资料科科长陈发来等同志承担了早期的编审、编务工作。

参与本书前期文稿撰写的作者主要有：古田会议纪念馆洪武子、游宝富、曾宪华、张桃招；中央苏区（闽西）历史博物馆邓泽村、陈淑如；华南虎繁殖野化中心罗红星、钟德阳；中共新罗区委党校李明星、戴军洋、陈俊梅、戴珊；中共永定县委宣传部退休干部苏志强；中共永定县委党史研究室赖立钦；中共上杭县委党校王世庚、陈晓英、王江月、傅小华、刘福花、简宜钦、蔡捷芳、高美玲；才溪乡调查纪念馆陈春连、高美玲、黄琳；中共龙岩市委党校郑晓卉、黄虹、周娴；武平县民宗局潘书生、岩前镇党委林惠娟；中山镇联合社刘星光、中山镇党委曾伟华；中共武平县委党校孙玲；武平文博园修琦生；中共长汀县委党校蔡宜增、丘登荣、钟斐、丘有阳；长汀县博物馆洪丽华，长汀县南山中学赖富家；项南纪念馆林秀华，连城县松毛岭战地遗址保护开发服务中心项如安；中共连城县委党校俞文斌、邹文晖、曹艾平；中共漳平市委党校陈天忠、杨金辉、雷淑妹。

林炳玉、谢耀南对书稿作了观点、表述和文字等方面的改进，并增加了部分内容。吴志高、陈善奎参与了校对工作。各现场教学点和一些摄影家提供了高质量照片。曾汉辉最后逐字审定了全部稿件。

因编者和作者水平所限，加上成书时间过于短促，资料收集和整理工作或力有不逮，对相关主题的阐述和研究或失之浅陋，或有所错谬。我们渴求广大读者不吝指正，以利于我们再版时加以改进。

编　者
2018 年 9 月